Markus Daumüller

Erledigen und Verzwergen

Wer rettet die Bildung vor der „Neuen Lernkultur"?

Hundert Seiten Pamphlet.

Sieben Kapitel Wahrheit.

Inhaltsverzeichnis

	Vorwort...............................	6
1.	**Erledigung**..........................	16
	Die Erledigung des Lernens	
2.	**Verzwergung**.......................	31
	Die Verzwergung des Denkens	
3.	**Banalisierung**.......................	49
	Die Banalität der Zwergenbildung	
4.	**Seelenlosigkeit**......................	63
	Die Seelenlosigkeit der Bildungszwerge	
5.	**Kampfesunlust**......................	73
	Wer rettet die Bildung?	
6.	**De-Demokratie**......................	82
	Wer rettet die Demokratie?	
7.	**Bildungs-Alles**......................	89
	Alles ist Bildung statt Bildung ist alles.	

Vorwort

Dennis muss heute sein Lernpaket bearbeiten. Da sind allerlei Aufgaben drin, aus zahlreichen Fächern. Mal soll er eine Seite im Geschichtsbuch lesen und wesentliche Ereignisse notieren, mal soll er im Englisch-Workbook drei Seiten lang die Zeitformen in Lückentexte einfügen; in Mathematik muss er bei unterschiedlichen Dreiecken die Pythagoras-Gleichung richtig lösen. Weder geht es darum, wie die Narration des historischen Ereignisses konstruiert ist, noch geht es um die Bedeutung der Zeitverwendung in einer Erzählkonstellation. Der Pythagoras schließlich bleibt ein Thema; als Heuristik in einem Problemlösekontext wird Dennis ihn in diesem Lernpaket nicht kennen lernen. Ob seine Arbeit ‚richtig' oder ‚falsch' ist, wird an einer klaren Sachstruktur bemessen, die aber eine Lerninsel bleibt. Wissen begegnet ihm als unveränderbares Netz, das man sich Stück für Stück anzueignen hat, wenn man vorwärts kommen will. Was Wissen ist, wird nicht gefragt. Die Qualität von Lernen verharrt in der reinen Phänomenologie der Dinge und läuft nicht Gefahr, dem intellektuellen Durst zum Opfer zum Fallen, der nach so etwas wie Wahrheit fragt. Denn die addierte Sachstruktur scheint teflonklar und ewig gültig. *Aneignen* ist das Zauberwort dieses neuen Lernens. *Erledigen* belangloser Sachbearbeitungs-Aufgaben ist sein Werkzeug.

Im Erledigungsarbeiten denken wir nicht selbst, sondern das Denken hat sich in der Struktur des Arbeitsablaufs materialisiert. Das bedeutet: Wir interpretieren nicht mehr, wir werten nicht mehr, wir bilden uns keine Meinung, wir beziehen keine Stellung, wir wechseln nicht die Betrachtungsperspektive und diskutieren nicht mehr mit den Mitlernenden über die Bedeutung eines Ereignisses oder Sachverhalts, z.B. darüber, was ein angemessener Umgang mit Geschichte ist. Wir probieren nicht mehr, Probleme zu lösen (Was ist Gerechtigkeit?), und wir sind nicht mehr das, was die Protagonisten des selbstgesteuerten Arbeitens immerfort als wichtigstes Argument ihrer Pamphlete anführen: Mündig. Eine selbstgesteuerte Interaktion ist im Erledigungsablauf nicht vorgesehen. Stattdessen werden Lernende wie Arbeiterinnen in Billigtextilfabriken vor Aufgaben gesetzt, deren Lösungsschemata schnell Routine werden. Aber dann, wenn die Aufgaben ‚erledigt' sind, hört dieses Lernen schon auf, an seiner problematischsten Stelle. Jetzt hat man vielleicht alle Pronomen und Wortkonstellationen aus einem Text herausgearbeitet. Aber über Literatur hat man noch immer nicht diskutiert. Diese erbärmliche Reduktion von Lernen auf einen operationalisierbaren Output entmündigt Menschen und macht sie zu Sklaven der Reproduktion einer vorgegebenen und scheinbar objektivierbaren Sachstruktur. So bringt die neue Lernkultur permanent etwas hervor, das sie zu überwinden vorgibt: Einen Funktionärscharakter – Menschen, die eine Aufgabe in einem System erledigen, ohne über dieselbe oder dasselbe nachdenken zu dürfen, weil sie oder es bereits positiv etikettiert wurde(n). Aber Menschen, die sich sicher in einem System bewegen – die also Konformisten geworden sind – haben ihre Seele an das System abgetreten, sie konstruieren keine Beziehung mehr zu dem, was sie stundenlang tun, weil ihnen abtrainiert worden ist, ihr eigenes Handeln zu hinterfragen. Das ist in der Sachbearbeitung nicht erwünscht. Das ist aber auch das Gegenteil von Bildung. Man redet von Individualisierung des Lernens, entindividualisiert aber den Bildungsbegriff. Es ist noch nicht einmal Lexikon-Wissen, mit dem man sich beschäftigt; es blendet alle interdependenten und dialektischen Prozesse aus und reduziert Wissen auf die bloße Kumulation von Spiegelstrichen. Es ist das reinste Nichts. Sozusagen die blanke Simulation von Lernen und Wissen. Denn es vergewaltigt die komplexe Struktur von Wissen und reduziert Lernen auf die Aneignung von Aufzählungen.

Lehrer sind dabei nicht länger die Fachleute für Lernen, und auch die Wissenschaft hat nicht mehr viel zu sagen. Wie Lernen abläuft, bestimmt jetzt der sozialpolitische Zeitgeist. Steht er für ‚Chancengleichheit' und ‚soziale Gerechtigkeit', so wird diese politisch korrekt übersetzt mit ‚Individualisierung des Lernens'. Diese individualisiert aber nicht das Lernen, da Lernen immer bereits ein individueller Vorgang ist. Sie schafft vielmehr uniformierte Abläufe einer Lernorganisation, deren künstliche Differenzierung (lassen sich Verstehensprozesse in Niveaus unterteilen?) dann für Individualisierung steht. Die Wertigkeit von Lernen liegt also in der Lernorganisation; diese steht für politisch oder gesellschaftlich erwünschte Werte; sie liegt nicht mehr in dem Willen von Bildungsbeteiligten, dass aus Schülern gebildete Menschen werden. Dass die lernenden Menschen, anders, als es uns die individualisierte Lernorganisation vorgaukelt, nicht mehr im Mittelpunkt von Bildungsprozessen stehen, sondern für einen (z.B. sozialpolitischen) Zweck instrumentalisiert werden, ist eigentlich ein Skandal. Aber niemanden interessiert das, weil die meisterhafte Rhetorik der ‚Bildungsreformer' mit ihrer selbstimmunisierenden Sprache eine Konnotation im Bewusstsein der Eltern und der Öffentlichkeit geschaffen hat: Reform ist gleich Fortschritt, und wir gestalten ihn so, dass er allen hilft. Diesen Zusammenhang darf man getrost *Gerechtigkeitsfalle* nennen. Denn der vermeintliche Fortschritt besteht nur aus Schlagwörtern, die synonym für Pädagogik und Bildung verwendet werden. Er suggeriert, dass die Lernorganisation und nicht mehr Wille oder Haltung von Lernenden Voraussetzung für Lernerfolg seien. Die Gleichschaltung des Denkens in der Lernstruktur avanciert dabei zu einem Qualitätsbegriff von Bildung. Das ist mehr als nur das Gegenteil von Individualisierung. Die chinesische Führung, so vermelden es mehrere Online-Portale, möchte bis 2020 ein Punktekonto für das Sozialverhalten ihrer Bürger einrichten. „Der Zentralcomputer sammelt Daten von 50 Behörden. Er vergibt Pluspunkte für gewolltes Verhalten. Und er zieht Punkte ab, wenn Menschen irgendwie abweichen und gegen Regeln verstoßen." Dann bekommt man Probleme, wenn man eine Wohnung sucht oder studieren möchte. „Wie Big Brother in George Orwells Roman ‚1984' greift die Kommunistische Partei unter Staats- und Parteichef Xi Jinping damit tief in die Privatsphäre der Menschen ein." Das Ziel: "Die Vertrauenswürdigen sollen frei unter dem Himmel umherziehen können, während es den in Verruf Geratenen schwer gemacht wird, einen einzigen Schritt zu tun. So steht es im Regierungsplan für die Einführung des Sozialregisters."[1]

Die neu geschaffene Lernkultur mit ihren Fortschrittsfloskeln bedeutet in Wahrheit wie das chinesische Punktesystem eine unfassbare Entwertung der Menschen, die nun der Macht anonymer Abläufe und Prozesse ausgesetzt werden, denen sie zu gehorchen haben. Die politisch korrekte Übersetzung der Bekämpfung sozialer Ungleichheit in eine Lerntechnokratie, die jedem gerecht werden soll, folgt keinem humanistischen oder philosophischen Menschenbild; sie kennt nur noch Abläufe, in deren Erscheinungsbild der vermeintliche Klassenkampf der Gesellschaft harmonisch aufgelöst erscheint. Wir sehen jedoch am Beispiel Chinas, wie schnell eine solche Struktur pervertieren und einem Zweck unterworfen werden kann, dem sie zu dienen hat.

Weitaus naheliegender ist, dass mit der ‚individualisierten' Bearbeitung von Lernpaketen alles zertrampelt wurde, was Lernen zu einem intimen Vorgang macht: Die individuelle Beziehung eines Lernenden zum Lerngegenstand, die Anstrengungsbereitschaft und der Wille, ein Experte auf einem Fachgebiet zu werden, die Erweiterung des biographischen Horizonts. Für was steht der Begriff *Lernen* dann noch? Für die Erledigung belangloser Übungsaufgaben, die sich messen lässt; für eine Sachbearbeitung, die ohne Erkenntnisse bleibt. Die tiefergehende Beschäftigung mit einem Problem oder Sachverhalt wird von einer oberflächlichen Eventkultur – der ‚guten' Präsentation von ‚Wissen' bzw. dem, was man glaubt, dass es sei, abgelöst. Die Intimität von ‚Lernen' wird zertrampelt; wer wie und auf welchem ‚Niveau' lernt, das bestimmt die ‚Neue Lernkultur'. Sie schreibt vor, in welchen Denkräumen sich jemand zu bewegen hat. Eine deutlichere Stigmatisierung des Denkens mag man sich kaum mehr vorstellen; die Menschenverachtung dahinter ist uferlos. Die Erziehung bzw. Diskriminierung des Denkens steht in einem auffälligen Widerspruch zu der politischen Korrektheit, die in der Technokratie der Lernabläufe abgebildet werden sollte. Es ist festzuhalten: In der neuen Lernkultur geht es nicht um das Wesen von Lernen. In ihr beschäftigen sich alle nur noch damit, Lernen zu simulieren. Und es geht auch nicht um die Menschen, die lernen und sich bilden sollen. Es geht um die politische Deutung von Werten, der sich das ganze Bildungssystem zu unterwerfen hat. Wenn keiner mehr selber denkt, dann ist das bekanntermaßen das Ende der Bildung. Es bleibt nur noch eine Hülle, die in den Farben der Gesellschaftspolitik leuchtet. Der leuchtende Bildungsball, innen heiße Luft, außen oho, steigt in die Höhe, ein Event des Fortschritts, der alle glücklich macht.

1. Erledigung

Die Erledigung des Lernens

Ursprünglich verstand sich Lernen als Weg zu einer Erkenntnis. Dieser Weg konnte verschlungen, von Sackgassen gepflastert oder steinig sein. Philosophen fragten *Was ist der Mensch?* oder *Was ist der Staat?* oder *Ist die Tugend lehrbar?* Echte Fragen forderten dazu auf, Stellung zu beziehen, eine Theorie zu entwickeln, die aus der Beobachtung der Wirklichkeit hervorgeht und mit anderen Theorien zur selben Frage konkurrieren muss. Gute Pädagogen bringen vor ihren Schülern dieses Mehrdeutige, Verstörende, das der Erklärung Bedürftige zum Vorschein und breiten das Problem vor ihnen aus. Auch heute gibt es unzählige Fragestellungen und Sachverhalte, über die man streiten kann: Was ist die EU – bevormundendes Bürokratiemonster oder Verteidigerin unserer freiheitlichen Werte? Dann: Gröning, der Buchhalter von

Auschwitz: Können Gerichtsprozesse geeignete Orte für die Aufarbeitung historischer Verbrechen sein? Ist Entnazifizierung ein Vorhaben, das gelingen konnte, ohne die Werte, die es vertritt, verraten zu müssen? Wird die Technologie in den Städten der Zukunft unser Leben erleichtern oder unsere Freiheit zerstören? Wird der religiöse Fanatismus irgendwann die liberale Gesellschaft besiegen? Muss man die Liberalität gegenüber der Religion aufgeben, um die Freiheit zu schützen? Ist das, was die Deutsche Umwelthilfe momentan macht, Hysterie oder Weitsicht? Wie kann unser Lebensstandard den kommenden Umweltkatastrophen trotzen? Umgang mit problematischer Vergangenheit, Menschenrechte und Werte einer demokratischen Gesellschaft in einer Zeit der technologischen Revolution, das Verhältnis von Staat und Religion, Umweltprobleme, die politisch instrumentalisiert werden, jedoch wirklich unser Leben gefährden: Das sind die Herausforderungen, die reflektiert und angegangen werden sollten. Nun ist natürlich klar, dass man Grundlagenwissen und –können benötigt, um überhaupt mitreden zu können. Aber dieses ist noch keine Bildung, sondern es ist die Voraussetzung dafür, mitreden und teilhaben zu können. Unser Problem heißt: Wir verwechseln Bildung mit der Erledigung von Lernwiederholungen und sprechen das Schema, in dem der Lernvorgang sich wiederholt, sakrosankt, weil wir es mit der Lösung unseres Lernproblems synonym setzen. Dadurch unterwirft sich der Lernende dem Schema, anstatt sich des Problems anzunehmen und ein kritischer Akteur zu werden. Auf dieses Paradoxon will Evgeny Morozov mit seinem neuen Buch *To Save Everything, Click Here* (Wenn Sie alles retten wollen, klicken Sie hier!) aufmerksam machen. „Er wendet sich gegen die verbreitete Ansicht, dass sich für jedes Problem per Klick eine Lösung finden lasse, und will verdeutlichen, dass man es nicht mehr merkt, wenn das die denkbar schlechteste

Lösung ist. Er nennt diese Geisteshaltung Solutionismus."[2] Morozov hält zum Beispiel „...das Silicon Valley für provinziell, weil es in seiner Technik- und Internet-Euphorie keinen Begriff habe von der Komplexität der Welt".[3] Die angeblich moderne Lernkultur in den Schulen tappt in genau diese Falle. Sie meint, mit dem Algorithmisieren von Lernprozessen, dem Sezieren eines Sachverhaltes in unterschiedliche Niveaus und dem Erledigen von banalen Abarbeitungsvorgängen so etwas Komplexem wie dem *Weltzugang* der Lernenden gerecht werden zu können. ‚Klicken Sie hier', auf diesem Niveau sind wir also angekommen in den Schulen und machen unsere Schüler zu Sklaven des Kleingeistigen. Wer hat diese Lösung erfunden? Hatte er ein bestimmtes Interesse dabei verfolgt? Ist diese Lösung nachhaltig? Solche Fragen sind nicht erwünscht. Selbstständiges Denken ist ein Hindernis der automatisierten Arbeitsabläufe. Man kann nicht verstehen, warum uns ein solches

Lernen, das wie Fabrikarbeit abläuft, als menschlicher und individualisierter verkauft wird. Fast hätte ich *autonomes Denken* geschrieben. Es ist kaum mehr auseinanderzuhalten. Ein autonom fahrendes Auto rechnet wenigsten Parameter der Welt, in der es sich bewegt, in seine Entscheidungen ein. Beim Lernpaket ist das hingegen pures Downsizing von Bildung; Ideologie akzeptiert keine anderen Meinungen oder unvorhergesehene Aspekte.

„Der Organisationspsychologe Elliott Jacques hatte 1955 das Konzept der ‚sozialen Abwehr gegen die Angst' formuliert. Ihm zufolge ist ‚die Verteidigung gegen die Angst eines der wesentlichen Elemente, das Individuen zu sozialen Institutionen zusammenführt'.... Das war lange Zeit nur eine psychoanalytische Hypothese.... Die klassische Studie über soziale Abwehrmechanismen gegen die Angst wurde erst 1970 von Isabel Menzies veröffentlicht. Die Autorin untersuchte ein Londoner Lehrkrankenhaus und kam zu dem Ergebnis, dass das dortige Pflegesystem zugleich als ein ganzes Ensemble von Mechanismen diente, um der Angst vor dem Leid und dem Tod der Patienten zu entkommen."[4]

Ist die ‚Neue Lernkultur' nur das Resultat einer Angst vor dem Scheitern der Schule bzw. vor der Komplexität des Lernens? Sind Kleinschrittigkeit und Nivellierung die Antworten auf eine um sich greifende Disziplinlosigkeit im Denken? Die Flucht vor einer zunehmend holistischen Struktur des Lebens? Wenn ein Schüler eine Stunde lang Subjekte, Prädikate und Objekte aus Sätzen herausschreibt, hat er dann ein Gefühl für die Schönheit der Sprache entwickelt? Man versteht Dinge nicht besser, wenn man sie reduziert und vereinfacht bzw. portioniert. Bildung findet nämlich nicht auf der technokratischen Ebene gleichbleibender Abläufe, sondern ausschließlich auf der Ebene der Bedeutungen und Verweise statt. Darin, dass Lernende reflektieren, wie ein Autor einen Begriff verwendet hat, und was das mit dem Leser macht. Das Erstaunliche ist, dass stattdessen das bloße Wiederholen eines Schemas (nicht einmal das Erkennen) als Bildung gilt. Das ist absurd, denn das machen vor allem Computerprogramme. Wissen generieren können sie hingegen nicht; sie verwalten, kategorisieren und klassifizieren Wissen, aber *wie* Wissen zu *bewerten* ist bei einer echten Fragestellung, dazu braucht man Erfahrungen darüber, auf welche Weise etwas individuell bedeutsam werden kann.

In seiner Erledigung belangloser Abarbeitungsvorgänge reproduziert ein Lernender permament eine Sachstruktur. Er arbeitet sozusagen wie in einem tayloristischen Arbeitsablauf (wie wenn er die Türen in der Produktion eines Autos einbaut). Denn er reflektiert überhaupt nicht das Verhältnis der Mikro- zur

Makrostruktur (der Textbestandteile zur Sprache z.B.). Taylor hatte in den 1920er Jahren die *Wissenschaftliche Betriebsführung* eigeführt, in der für jeden Arbeitsschritt eine Zeitvorgabe existierte und sich dadurch einzelne Arbeitswerte berechnen ließen. Der Pädagoge Karl-Heinz Dammer, Professor an der Pädagogischen Hochschule Heidelberg, hat diese Technologie von Lernen in einem Interview mit der „Wirtschaftswoche" so beschrieben: „Selbststeuerung ist ein Begriff aus der Kybernetik, bezieht sich also ursprünglich auf technische Systeme, die mit einer entsprechenden Programmierung und bestimmten Zielvorgaben technische Prozesse ohne weiteres menschliches Zutun abwickeln können. …Mit diesem Begriff (Kybernetik) wird Lernen zu einem technischen Vorgang erklärt, der sich auf der Basis von Vorgaben präzise selbst steuert. …Darin zeigt sich auch ein problematisches Menschenbild. ‚Selbstgesteuert' als technische Metapher bedeutet, dass die Schüler sich aus eigenem Antrieb Fremdsteuerung unterwerfen...."[5] Lernen ist dann nichts Eigenes mehr. Lernen ist im Übrigen auch keine Betriebswirtschaft, in der einzelne Schritte berechnet werden. Denn erstens ist eine Mauer etwas anderes als die Summe ihrer Steine. Aristoteles sagte diesen Satz, weil die Mauer erst eine Bedeutung im Kopf der Betrachtenden erhält; diese konstruieren sozusagen die Idee der Mauer. Im Taylorismus sind die ‚Arbeitsbienen' gedanklich inaktiv. Die Arbeiter entfremden sich von ihrer Arbeit, weil sie dem Endprodukt nicht begegnen, sondern auf einen Handgriff reduziert sind. Heute könnte man auf Knopfdruck sagen, ob die schematische Arbeitsstruktur objektiv sachgerecht war. Zweitens ist das, was beim Lernen, also bei der Auseinandersetzung mit dem, was ein Sachverhalt einem sagt, passiert, kein objektivierbarer, sondern ein intimer Vorgang. Es geht dabei nicht allein um Regelanwendungen, sondern um ein dialektisches Verhältnis zwischen Lernenden und

Sachverhalt: Die Lernenden verändern ihn, während sie seine Bedeutung konstruieren, und er verändert sie, weil er etwas Neues in ihrem geistigen Horizont ist. Lernende entwickeln eine Beziehung zu dem Sachverhalt. Das heißt, dass sie ihre Erfahrungen, die sich auf ihren Erlebnissen niedergeschlagen haben, immanent hinterfragen und umgestalten. Dies geschieht, während sie zum Kern einer Sache bzw. eines Problems durchdringen möchten, um eine individuelle Erkenntnis zu erlangen oder ein Experte zu werden, z.B. in der Frage, wie eine gerechte Gesellschaft aussieht; ob so etwas wie das bedingungslose Grundeinkommen gerecht sein kann? Erst dann kann man von Bildung sprechen, weil Lernende zu etwas werden, das sie vorher nicht waren. Die Abarbeitung von Schemata bewirkt hingegen nichts in der Persönlichkeit der Lernenden. Sie ist reinster Aktionismus, im wahrsten Sinne des Wortes belanglos. Erledigen und Sachbearbeiten perpetuieren das humboldtsche Bildungsideal, sich aus reinem Interesse, also zwecklos, mit einer Sache zu beschäftigen, einzig deswegen, weil man spürt, dass es die eigene Weltsicht, die Art zu denken, zu beobachten und Fragen zu stellen, verändert. Sachbearbeitung ist der Modus Vivendi, wenn Organisationen reibungslos ablaufen bzw. funktionieren sollen. Sie enthält kein Erkenntnisinteresse, keine Leidenschaft und keine biographischen Hintergründe. Sie hat keine Seele. Sie ist einfach nur mentaler und häufig auch kognitiver Leerlauf. Wenn man die Sachbearbeitung erledigt hat, kann man das Sachbearbeitete vergessen. Die Arbeit ist erledigt, jetzt beginnt die Freizeit, in der man nicht belästigt werden möchte mit dem Sachbearbeiteten. Freizeit ist Muße, das Sachbearbeitete aber ist Pflicht. Eine kleine Schwarzweißwelt, in der das Lernen aus der Persönlichkeit ausgelagert und zu einem Bürovorgang verkommen ist. Das erledigt das Lernen, im doppelten Wortsinn. Wenn man Kindern signalisiert, dass Lernen ein Bürovorgang ist, der erledigt werden soll, hat man jeden Respekt vor der Intimität des Lernens verloren. Man hat die Entwicklung der Persönlichkeit auf einem Bürosessel festgebunden und sie zu einer Arbeitsablaufmaschine pervertiert, die, ohne jeden kognitiven Anspruch, Erledigungsaufgaben erledigt. Diese würdelose Missachtung jeder Individualität ist das Abziehbild einer beispiellosen Gleichschaltung von Lernen. Schulen sind keine Häuser des Lernens mehr, sondern in ihnen wird die Erledigung einer Sachbearbeitung verwaltet. Der Philosoph Konrad Paul Liessmann nannte die dahinter stehende Haltung „Kapitalisierung des Geistes", weil man in der Kleinhaltung des Denkens, das nur dem Zweck der Inszenierung von Bildung dient, Halbbildung nicht einmal mehr erkennen könne.[6] Man kann, synonym zu *Erledigung*, auch von *Technokratie* sprechen. Darin werden Lernende zu Funktionären. Sie funktionieren im System der Verwaltung von Sachbearbeitungen – einen größeren

Verrat an allen humanistischen und demokratischen Erziehungszielen mag man sich kaum mehr vorstellen. Der nächste Schritt der Gleichgültigkeit könnten lediglich Waffen sein, die man Kindern in die Hand drückt.

Signifikant für diese Haltung ist, dass man, entgegen der Phrase von der dynamischen Wissensgesellschaft, das Sachbearbeitete nicht mehr vernetzen muss, um einen Wert in ihm zu erkennen, sondern die belanglosesten Sachbearbeitungen genügen sich selbst als Norm. Erledigung belangloser Sachaufgaben geht zwingend mit einer Simplifizierung der Sachansprüche einher.

Der Bildungsphilosoph Matthias Burchhardt fasst das mit deutlichen Worten als *Erleichterungspädagogik* zusammen: „Normalerweise würde man sagen, die Welt ist komplex, und die Aufgabe des Pädagogen ist eine Vereinfachung, die diese Komplexität aber nicht zerstört, sondern ermöglicht, indem sie einen Weg dorthin ebnet, wo das Kind nun einmal aus eigener Kraft hinmuss. Inzwischen ist es so, dass man für Vereinfachung der Sachansprüche plädiert. So gibt es einen Verein, der ernsthaft fordert, man solle die gebräuchlichen Zahlwörter ändern, um das Rechnenlernen zu erleichtern: Alle sollen demzufolge ‚zwanzigeins' sagen und nicht ‚einundzwanzig'. Statt also dem Kind den Weg in die Komplexion zuzutrauen, werden kulturelle Gepflogenheiten infrage gestellt. Meine Sorge ist, dass diese Erleichterungspädagogik zu einer Simplifikation der Kultur und letztlich zu einer Verdummung der Menschen und einem Verlust von Emanzipation, von Souveränität im Umgang mit der Welt und den sozialen Problemen führt."[7]

Wo Sachverhalte simplifiziert und seziert werden, wo Schwarzweißdenken herrscht, wo einfache Lösungen für komplexe Probleme zu Parolen von Bildungspolitik und Pädagogik avancieren, wo Denkschemata die Individualität unterminieren und wo isolierte Wissens- und Könnens-Fetzen sich selbst genügen, da spricht man gewöhnlich von Propaganda. Die *Erledigung* ist nicht Lernen, sondern Teil der Propaganda-Arbeit für die ‚gute' Sache der Bildung. Und wehe, jemand ist gegen ‚Bildung'. Diese Perplexität ist kein historisches Ausnahmephänomen; man findet es auch in der Hohen Carlsschule, von der Schiller einst floh, weil er den Schwindel durchschaut hatte, dass Bildung versprochen, aber Ausbildung und Drill zu Dienern der Staatsmacht praktiziert wurden. Leider verbaut die Schulpflicht diese Option der Flucht den heute Lernenden. Sie müssen in dem Wahlwerbespot der 'Individualisierung des Lernens' so lange mitspielen, bis es ihre Seele korrumpiert und sich in sein Gegenteil verwandelt hat, oder anders ausgedrückt: Bis die Sachbearbeitung funktioniert.

2. Verzwergung

Die Verzwergung des Denkens

Es ist erstens ein unübersehbares Paradoxon dieser Entwicklung, dass, obwohl man von Individualisierung schwärmt, das eigenständige Denken in diesen Bildungsprozessen keine Rolle mehr spielt, weil ja durch die Simplifizierung der Sachstrukturen alles logisch, klar und lösbar erscheint. Man kann das zum Beispiel an den Aufgaben der VERA-Vergleichsarbeit, die Baden-Württemberg in Klasse 8 in Mathematik schreiben lässt, erkennen: Dort gibt es keine kumulativen Aufgabenformate, also Aufgabenstellungen, in denen unterschiedliche Themen zu einem Problem vernetzt werden. Alles, was mathematisches Verstehen fachdidaktisch beschreibt – reversibles Denken, Suche nach unterschiedlichen Lösungswegen, Variation der Daten und Reflexion der Konsequenzen, Zusammenhänge zweier oder mehrerer unterschiedlicher Größen – Fehlanzeige. Die Aufgaben sind trivial, das heißt, jeder kann sie mit dem gesunden Menschenverstand beantworten. Ihre Lösung erfordert keine fachlichen Denkstrukturen oder die Kombination heuristischer Techniken. Man kann Antworten ankreuzen, und weil die Aufgabenstellungen thematisch isoliert bleiben, lässt sich erahnen, welches Ankreuzverhalten Erfolg verspricht.

Ideen, eigene Strategien, die Anwendung heuristischer Verfahren oder Probieren werden dadurch überflüssig. Das mathematische Wissen bzw. das, was der Schweizer Mathematikdidaktiker Aebli einst *Operatives Durcharbeiten* nannte, wodurch man mathematische Denkstrukturen internalisierte, spielt bei diesen Vergleichsarbeiten keine Rolle. Nicht einmal Rechnen kommt in erwähnenswertem Umfang mehr vor. Im gleichen Duktus waren vor Jahren auch Vergleichsarbeiten in Geschichte verfasst. Der Lehrer sollte Antwortoptionen zu der Frage, welche Nennungen Ursachen der Französischen Revolution seien, mit richtig oder falsch bewerten. Flugblätter waren mit falsch zu bewerten. So einfach funktioniert wohl Geschichte: Geschichte als Wissenspaket - analog zum Lernjob – statt als Erzählung. Es wird mal eben das Fundament der gesamten Fachlicheit, die Narrativität, unter den Teppich gekehrt und lediglich eine der möglichen Darstellungen als richtig bewertet. Argumentieren war im Aufgabenformat nicht vorgesehen, sodass eine mögliche narrative Kompetenz der Lernenden gar nicht zur Geltung kommen konnte. Dieser Bruch mit allen Traditionen der Aufklärung (Habe Mut, selbst zu denken!) erstickt sowohl die Fachlichkeit als auch jede kritische Haltung, denn diese würde als Störfaktor für den Kritiker auch Auswirkungen auf die eigene Zukunft bedeuten. Anpassung ist die eine und Effizienz ist die andere Seite dieser Destruktion des selbstständigen Denkens. In einer solchen Lernlandschaft schrumpft nicht nur die sachlogische Struktur eines Themas auf Miniaturformat – man könnte auch sagen: auf ein lächerliches Niveau - sondern zweitens wird auch die Individualität der Lernenden darauf reduziert, dass sie selbst entscheiden, wann sie welche Sachbearbeitung erledigen. Das wird dann als ‚Erziehung zur Selbstständigkeit' verkauft, wo es eigentlich nur Ausdruck einer Facette in einem gigantischen Gleichschaltungsprogramm ist. Überhaupt erkennt man drittens die Verzwergung des Denkens daran, wie die Befürworter dieser neuen Lernkultur Kritik kontern: Sie bemühen regelmäßig Studien und Studienautoren als Belege für ihre artifizielle Plastiklernwelt, die eigentlich das Gegenteil behaupten und eher die Kritik bestätigen: Die Metastudie von John Hattie sei hier exemplarisch genannt, in der doch ganz klar und deutlich der Lehrer als Einflussgröße für Lernerfolg hervorgehoben wird. Den wollen die ‚Reformer' durch einen Lernbegleiter ersetzen, der in den klassischen Professionsfeldern Fachlichkeit, didaktische und methodische Fähigkeiten, pädagogische Urteilskraft kaum mithalten kann. Matthias Burchhardt wird dazu in einem Interview mit dem „Standard" deutlich: „In den USA – so berichten besorgte Kollegen – sei es schon so weit, dass Curriculum, Unterrichtsmaterial und Tests von dem großen Verlagsunternehmen Pearson gestellt werden. Der Lernbegleiter braucht nur noch die Kompetenz, den Pearson-Umschlag aufzureißen, das Material zu arrangieren und die Tests einzusammeln. ... Übrigens, der nächste Pisa-Test wird gegen gutes Geld von Pearson produziert, und Andreas Schleicher von der OECD sitzt im wissenschaftlichen Beirat des Unternehmens. So ein Zufall...."[8] Außerdem wird in der Hattie-Studie dem entwickelnden Gespräch (reciprocal teaching) der höchste Wirkungsgrad beim Lernen zugesprochen und nicht dem selbstgesteuerten Arbeiten. Wahrscheinlich erfasst der Ausfluss an Konformität, der die ‚Neue Lernkultur' zusammen hält, auch das Sehen und Wahrnehmen, denn niemand kann ernsthaft die Hattie-Ergebnisse als Argument für die Abschaffung des Lehrers und die Verzwergung des Denkens anführen. Wahrscheinlich hat man die Adressaten dieses Polit-Marketings mit den Lemmingen verwechselt, die das eigene Konzept hervorbringen wird. Sowohl Schüler als auch Lehrer sind zu Statisten eines Bildungsrinnsals geworden, das auf dem Promotionsschild als reißender Fluss aufgeführt wird. Lernpakete, die aus Wissenspaketen bestehen – der Lehrer arrangiert sie, der Schüler übernimmt sie. Der Lehrer ist der Kellner des Wissens, ein Wissensschlumpf, und der Schüler ist der Gast in der Bildungsshoppingmall, in der man, was glänzt, haben muss: Der Fressschlumpf. Fehlt nur noch die Frage aus dem Dönerladen: Zum Hier oder zum Mit?

Menschen werden zu geistigen Zwergen, Aufgaben werden bis zur Lächerlichkeit und Unkenntlichkeit des Fachlichen verstümmelt und auch die Diskurskultur ist durchtränkt davon, die Mit-Diskutanten gar nicht mehr ernst zu nehmen, sondern ihnen ein Abziehbild der immer gleichen Parolen entgegenzuschleudern, als müssten sie dann endlich mal zur Einsicht gelangen: Die Diskurskultur wird wie das Lernen schematisiert; wie bei Ideologien üblich lässt man andere Meinungen gar nicht mehr zu, sondern hasst sie einfach - eine bodenlose Respektlosigkeit vor demokratischen Werten wie Meinungsfreiheit. Das ist dann so wie bei den Aufgabenformaten: ‚Richtig' oder ‚falsch' angekreuzt. Übrig bleibt in den Häusern des Lernens ein Volk geistig Untoter, die noch üben sollen, um gute Marionetten zu werden im George-Orwell-Bildungs-Inszenierungstheater.

Viertens werden Konzepte verzwergt. Selbstständiges Denken ist eine Errungenschaft, die sich viele Generationen über Jahrhunderte erkämpft haben: Die Aufklärungsphilosophen, Studenten und Revolutionäre in der ersten Hälfte des 19. Jahrhunderts, Gelehrte, Künstler, Schriftsteller, die Reformpädagogen, die Widerstandskämpfer. Sie haben ihr Leben riskiert für die Entfaltung ihrer Ideen, für geistige Freiheit, für die Unabhängigkeit des Denkens. Überhaupt kommt Kognition als eine eigenständige Welt der Bedeutungen und Ausstrahlungen von Sachen in der schönen neuen Bildungslandschaft gar nicht mehr vor. Die Interpretationen zu Bedeutungen von Sachen oder Ereignissen sind nicht mehr notwendig, denn die Bedeutung der Sachen ist auch verzwergt zu einer Miniatur der Politik. Man braucht sich nicht mehr darüber zu streiten, was Bildung ist. Das ist doch klar: Bildung ist, das Lernpaket zu öffnen und den Lernjob zu erledigen. Wie lange dauerte es, bis Bildung als Menschenrecht galt, bis sie jedem, egal, wo er herkommt und was er ist, ermöglicht wurde? Wie viele Tote hat es gegeben im Kampf um das Recht, an der Bildung teilhaben zu dürfen? Die ‚Neue Lernkultur' schändet diesen Begriff *Bildung*. Sie ist wie ein Tsunami, der alles an Zivilisation platt macht, was die Bildungswelt kannte; eine wertelose Anarchie, ein Verrat an Tausenden von Jahren Bildungszivilisation. Schauen wir sie uns an, die großen Autoren unserer Zeit, Dostojewski, Walser, Roth, Auster und Andere: Gäbe es diese Literatur, wenn ihre Autoren Kinder der ‚Neuen Lernkultur' gewesen wären, wenn sie in ihrer Schule Pronomen und Subjekte aus Sätzen herausgeschrieben hätten? Was wäre mit streitbaren Geistern wie Hannah Arendt? Man muss es nicht weiter ausführen. Auch unsere Kultur wäre eine Zwergenlandschaft. ‚Richtig' oder ‚falsch' angekreuzt - bei einem Thema wie der Französischen Revolution, zu dem man die halbe Universitätsbibliothek nach Hause tragen könnte. Was haben sich Philosophen und Historiker gestritten, wie man die Revolution einzuschätzen habe: Ein Demokratisierungs- oder ein Radikalisierungsprozess? Ein

Prozess der Entfremdung von Volk und Staat? Ein Zivilisationsfortschritt oder bloße Barbarei der Gefühle? Aber nein, alles ist ganz klar: Klicken Sie hier auf die richtige Antwort. Was sagt so etwas den ganzen Forschern, die jene Bücher geschrieben haben, welche sich in der Bibliothek befinden? Richtig: So eine ineffiziente, ja überflüssige Arbeit aber auch. Denn es ist doch alles ganz klar: Flugblätter waren keine Ursache der Revolution. Man fragt sich: Wozu braucht es noch Forschung, wozu Fachleute? Wozu ist es noch nötig, Begriffe, die Reflexionsbegriffe sind, (auf unterschiedliche Weise) mit Inhalt zu füllen? Der Diskurs als ein Werkzeug der Wissenschaft hat in der neuen Lernkultur keinen Platz. Dort steht die Distribution eines klaren Wissens im Vordergrund, und nicht die Generierung neuen Wissens. Die unschätzbare Erfahrung, die jeder Lernende bei der Generierung von Wissen macht, zum Beispiel im Diskurs darüber, welche Maßstäbe an ansetzen sollte, um von einem *an-*

gemessenen Umgang mit dem Holocaust sprechen zu können, werden den ‚selbstgesteuert' Lernenden vorenthalten. Deren Horizont endet nämlich am Ende des Arbeitsblattes, welches ihnen abfragbares Wissen eintrichtern soll.

So gesehen ist die ‚Neue Lernkultur' nicht nur eine Verzwergung unseres Denkens, sondern in ihr drückt sich eine grenzenlose Respektlosigkeit vor unseren kulturellen und wissenschaftlichen Errungenschaften und Gepflogenheiten aus. Wenn wir nicht wachsam bleiben, wird sich das Land der Dichter und Denker und Patente rasant schnell in eine intellektuelle Zwergenlandschaft verwandelt haben. Dann werden die Lernkulturer schimpfen, dass keiner der Selbstlerner die ihnen zur Verfügung gestellte neue Freiheit genutzt hat, um ein gebildeter Mensch zu werden. Oder sie werden mit dem Finger auf die zeigen, die ihre ‚verantwortungsvolle Funktion' im Bildungsinszenierungstheater nicht „optimal" ausgefüllt haben. Dass, wo zwei Finger auf vermeintlich Verantwortliche zeugen, einer immer auf sich selbst zeigt, wird ihnen verborgen bleiben. Wahrscheinlich musste man das in keinem Lernpaket als Merksatz aufschreiben.

Lernen als Persiflage, Bildung als Tragikomik, kulturenthoben, ohne Tradition, ohne jede Substanz, ein (Lern-)Job eben, alltägliche Verrichtung. Nirgendwo muss man sich durchbeißen durch eine Herausforderung, durch komplexe Themenfelder. Schon alleine der Begriff *Wahrheit* lässt Historiker doch normalerweise verzweifeln. Und der Lehrer ist dabei der sichtbarste Zwerg: Die Leidenschaft, die er für sein Fach aufbringt und über die der er sich gerne den Schülern mitteilen möchte, geriet in der Verzwergung der Sachstruktur zu einem lauen Lüftchen. Pikant erscheint, dass in den Räumen der ‚Neuen Lernkultur' niemand für etwas steht, und auch niemand für etwas einsteht. Denn die Autorität liegt in diesen Räumen einzig im Procedere - siehe Karl-Heinz Dammer's kybernetische Metapher; Wissen und Können haben keine Autorität. Dieser Zusammenhang drängt sich den Lernenden zwangsläufig auf, wenn der Fachlehrer, der ein Fach unterrichten soll, fachlich verstümmelte Sachbearbeitungsaufgaben austeilt und dann kein Fachmann mehr, sondern nur noch ein Hampelmann sein darf, der Probleme mit dem Procedere auflösen soll. Da ist es konsequent, wenn man den Lehrer gleich abschaffen und durch einen Lernbegleiter ersetzen will, eine, wie Matthias Burchhardt meint, *technokratische Wiedergänger-Figur*, die zum „…bloßen Organ eines gesellschaftlichen oder politischen Formungswillens" verzwergt.[9] Niemals könnten sich Lernende mitgenommen fühlen auf eine Reise durch die Faszination des fachlichen Denkens, denn dieses bleibt eine tote Materie und darf seine Farbe nicht wechseln. Unerhört aber auch, diese Leute, die für ihr Fach brennen. Am Ende könnten sie noch die Büroarbeit stören und die Kinder verwirren mit ihren spannenden Fragen, die sie überall stellen. Vielleicht kommen die Lernenden sogar zu neuen, eigenen Erkenntnissen, die nicht mit richtig oder falsch bewertet werden können; ein einziges Chaos würde entstehen in der neuen Lernjobwelt. Diese wäre nicht mehr effizient, weil sich die Suche nach dem Essentiellen, nach Erkenntnis und Wahrheit nicht an Effizienz orientiert. Effizienz hingegen, auch vorgespielte, entkräftet ja den Verdacht, dass Schule, wie Uli Hauser und Gerald Hüther gerne behaupten, Energieverschwendung sei; ihr Wirkungsgrad gehe gegen Null. Die Schule, so Hauser, „schafft ohne Probleme, einem die Lust am Lernen auszutreiben".[10] Weil es noch nicht genug Lernjobs mit trivialen Aufgabenstellungen gibt, die aber rigide kontrolliert und beurteilt werden? Gerd-Schulte-Körne, der Präsident der Deutschen Gesellschaft für Kinder- und Jugendpsychiatrie, meint, der steigende Leistungsdruck in der Schule treibe viele Schüler in eine chronische Überforderung. Schon 3 Prozent der Grundschüler und 14 Prozent der Jugendlichen seien depressiv.[11] Nun ja, für was genau ist das jetzt ein Plädoyer: Die sezierten und gestutzten Lernjobs noch einfacher zu machen oder aber es Lehrern wieder zu gestatten, ihren Auftritt selbst zu gestalten, fachliche Intellektualität vor der Klasse zu leben, zu zeigen, wie viel Freude es machen kann, brillant sein zu wollen, und das bedeutet: dem Besser-Wissen zu entsagen? Der Konformismus, der auch in modernen Unternehmen erwartet wird, schreibt Jan Grossarth, verändere den Menschen von Grund auf; Konformitätsdruck zehre aus, meistens durch einen subtilen, athmosphärischen Zwang, von dem nicht abgewichen werden soll. Anpassung ginge mit einer Deformation der Persönlichkeit einher.[12] Es kann ja auch niemandem verständlich erklärt werden, warum die Verzwergung des Lehrers Bildungsriesen hervorbringen sollte? Habe ich jetzt genug Fragen gestellt, die ohnehin niemand beantworten wird, weil Lernjobs und Sachbearbeitungen eine Klarheit schaffen, die keinerlei Fragen mehr zulässt, und weil die ‚Bedenkenträger' doch Bremser auf dem Weg in eine Zukunft des Lernens sind, die jedem Lernenden zu gute kommen könnte? Tut mir leid. Mein Verständnis von einem gebildeten Menschen ist, und das ist das Gegenteil von einem intellektuellen Zwerg, dass er eher gute Fragen stellt, als für jedes Problem eine Lösung zu präsentieren.

Fünftens werden auch Eltern dazu verzwergt, die Einhaltung der Pläne, welche die Erledigungszeiten der Lernjobs vorgeben, zu kontrollieren. Ihre Erziehungsarbeit schrumpft zusammen zu einer Blockwartmentalität; Gespräche mit ihren Kindern werden überflüssig in einem Zuhause, das nur als verlängerter Arm des Sachbearbeitungsknasts fungieren soll. Auch die elterliche Erziehungsarbeit gehorcht nun dem Plan. Ihr Leitwert besteht nicht mehr darin, dass Kinder sich zu Menschen entwickeln, die der Gesellschaft etwas zurückgeben, sondern sie werden zu Wächtern der Pläne. Liebe steht nicht im Plan.

Die Verzwergung der Bildung und aller beteiligten Akteure geht einher mit Entpersonalisierung, Technokratisierung und Banalisierung. Wir können es offen benennen: Menschlichkeit ist nicht kalkuliert im Bildungstheater, und auch spannende Entdeckungen, persönliche Erkenntnisse oder kognitive Reifung spielen keine Rolle. Wie konnte ein solches Bildungs-Morden in mehreren Bundesländern Helfershelfer unter den Lehrern finden? Der Masochismus, der Voraussetzung dafür ist, an der eigenen Abschaffung aktiv mitwirken zu wollen, muss die größte Mutationsstufe erreicht haben. „Mach mich zum Zwerg, dann kommen mir simple Bildungs-Inselchen ganz groß vor." Das Absurde dabei ist, dass diese Leute an der Abschaffung der Pädagogik basteln im Glauben, derselben eine glorreiche Zukunft zu eröffnen, weil sie auf die Umdeutung aller pädagogischen Konzepte hereingefallen und der Verheißung der Bildungsaufbruchsversprechen erlegen sind. Weil sie sich zu Funktionären machen ließen, deren Daseinsberechtigung das Funktionieren ist, auch wenn sie selbst den Eindruck haben, sie würden ein pädagogisches Schlaraffenland gestalten. Wahrscheinlich widerholt sich die Geschichte so lange, bis man klug aus ihr geworden ist (das war zweideutig gemeint).

3. Banalisierung
Die Banalität der Zwergenbildung

Der Kern der Banalisierung besteht in dem Duktus der Erledigungsformate, Texte nicht mehr als Sinnproduktionen zu verstehen, sondern ausschließlich als reine Beschreibungen und Erklärungen, die klären statt zu fragen. Dahinterstehende Intentionen, Bilder, die mittels Sprache im Kopf der Leser entstehen, ein Stil, der Diskurs hervorruft, Verweisungshorizonte, Metaphern, all das muss dem Zuschnitt auf normativ skizzierte Kinderköpfe weichen: Texte geben Wissen wieder, fertig. Das stimmt aber nicht. Texte geben die Beziehung wieder, die der Autor zu dem Wissen hat oder mit der er ringt; es geht um die antithetische Beziehung zwischen verschiedenen Bedeutungen, die durch die Benutzung von Formulierungen erst entstehen. In der ‚Neuen Lernkultur' entstehen beim Lernen gar keine neuen oder möglichen Bedeutungen von

Sachverhalten, sondern diese werden als kybernetische Struktur präsentiert, also technisch nachvollziehbar und sachlogisch beschrieben: *Die Nationalsozialisten haben Millionen Menschen ermordet, weil sie glaubten, es gäbe minderwertige Rassen, die das Leben der höherwertigen gefährden. Das war ihre Theorie.* So steht es im Lernpakettext. Ist doch alles klar, oder? Wie Ideologie und Machtstrategie zusammenhängen (wie der Unterbau der Macht strukturiert war), wie manipulative Techniken in Kinofilmen realitätswirksam wurden, sodass Zuschauer in deren Plot hineingezogen werden konnten (wie die Manipulation funktioniert hat), wie es funktionieren kann, Menschen über ihre Gefühle zu erfassen, sie aber gleichzeitig zur Gefühllosigkeit zu erziehen (Anthropologische Dimensionen des Holocaust), wie der Erzieherstaat (Erziehung war ein Teil aller seiner Aufgaben) und der Holocaust ineinander verwoben waren und auseinander hervorgingen (die Interdependenz soziologischer und staatlicher Strukturen), weshalb so etwas wie die Shoa in einer Kulturnation, in der zehn Jahre zuvor Menschen in den Kaffeehäusern über die Theaterrezensionen von Alfred Kerr diskutierten, geschehen konnte (Ob Bildung vor so etwas schützt?)? Ob man selbst auch mitgemacht hätte und von was das wohl abhing? Der neugierige Geist wüsste gerne etwas erfahren über das Verhältnis von Individuum und Staat, von Werten und Politik, von Handeln und Gewissen. Geliefert bekommt er aber eine triviale Kausalität: Sie hassten die Juden und deswegen haben sie sie ermordet. Das ist genauso simplifizierend wie sachlich falsch; die Rassenpolitik war natürlich eine Machtstrategie.

In der Kausalstruktur bleibt die Frage offen, was dieses Geschehen einem sagen könnte? Was konnte Anstand heißen unter den Lebensbedingungen des ‚Dritten Reichs'? Ab welchem Zeitpunkt kann man von der Verstrickung einer Person in ein politisches, verbrecherisches System sprechen? Und nach welchen Kriterien lässt sich rechtlich gesehen (in welchem Recht?) der Terminus *Täter* für eine handelnde Person verwenden? Wird dieser Begriff in historischen und rechtlichen Debatten unterschiedlich verwendet?

Einfachste Kausalstrukturen irritieren einen neugierigen Geist, der gerne über die Bedeutung des Geschehens reflektieren würde, darüber, was dieses Geschehen uns heute sagt. Im Lernpakettext bleibt es hingegen eingeebnet in die Darstellung einer Verlaufsgeschichte: Ursache und Wirkung - mehr gibt es nicht zu sagen. Weder das Geschehen noch die verwendeten Begriffe der Darstellung sollen mit Bedeutungen gefüllt werden. Der Zuschnitt des Lernpakets auf ein bestimmtes ‚Lernniveau' kennt keine Interpretation oder Auslegung, keine Spurensuche, keine Fragen nach der Wahrheit. Es ist reinste Phänomenologie, die keine individuellen Erkenntnisse erfordert, sondern logisch Zusammenhänge erklären will. Und zwar logisch *eindeutig*, versteht sich, damit die Effizienz des Lernjobs nicht gefährdet wird und man glaubt, man habe wirklich etwas gelernt. Wissen macht Ah. Lernen in der Schule ist jetzt wie in der Kindersendung. Die komplexe Welt wird für kleine Kinderhirne zurechtgeschnitten und portioniert, ob Hooligan oder Holocaust, immer nach demselben Prinzip: Wir erklären Dir die Welt, dann weißt Du Bescheid. Hier ist sie wieder, die bloße Präsentaton von Wissen, ohne jede Irritation darüber, was Wissen alles sein könnte. Das Perfide daran ist, dass manipulierende Propagandafilme in der Geschichte, wie zum Beispiel *Hitlerjunge Quex,* genau mit dieser Vorgehensweise ihre Wirkung entfalteten. Die Grautöne des Lebens bleiben unerwähnt. So klart die Welt auf, aber mit Aufklärung hat das wenig zu tun. Die Banalisierung der Sprache hat gravierende Konsequenzen. „Die Grenzen meiner

Sprache bedeuten die Grenzen meiner Welt", schwadronierte einst Wittgenstein, der Philosoph.[13] Hier sehen wir, wie er das meinte. Denn Wissensfetzen ermöglichen keine Enkulturation der Lernenden in eine komplexe Welt. Sie suggerieren der Öffentlichkeit, die Wissensfetzen seien ein Handelsgut; Bewusstseinsbildung erfolge mit dem Kauf oder Verkauf, nicht aber durch die Auseinandersetzung mit der Welt der inhaltlichen Bedeutungen. Die Reduktion von Sachverhalten auf die reine Deskription ihrer Erscheinungen leugnet die gesamte Bildungsgeschichte. Bereits Schleiermacher sprach von einem *divinitorischen Akt*, den Lernende durch das Eintauchen in einen Sachverhalt mit ihrer gesamten Persönlichkeit, ihren Erlebnissen und Erfahrungen in der Konstruktion einer Bedeutung vollziehen.[14] Etwas *verstehen* hieße, hermeneutisch gesehen, nach dem zu suchen, was das Geschehen bzw. der Sachverhalt einem sagt. Aber *Verstehen* gilt in den Bildungsrülpsern der ‚Neuen

Lernkultur' als antiquierter Begriff. Ein hermeneutischer Prozess ist vielschichtig; man kann ihn nicht in kleine Portionen zermalmen, die keine Schluckbeschwerden bereiten. Er läuft individuell unterschiedlich ab und ist sozusagen einzigartig bzw. original. Er lässt sich nicht mit einem Lernjob reproduzieren, der Massenmord als Folge von Hass darstellt und das ganze Tamtam drumherum gediegen verschweigt.

So, was wollte ich damit eigentlich zeigen? Sprache ist mehr als Beschreibung oder Darstellung. Ihre Vereinfachung reduziert zum Beispiel historisches Verstehen auf die kritiklose Adaption von zur Show gestellten simplifizierenden Kausalzusammenhängen. Und wer den Kindern die ganze Welt der Bedeutungen vorenthält, banalisiert nicht nur die Bildung, sondern zieht eine unmündige Generation heran.

Der zweite Aspekt, in dem sich die Banalität der Zwergenbildung zeigt, ist die Deklarierung alltäglicher Aktivitäten als Bildung. Ferdinand Knauß hat für die Wirtschaftswoche beschrieben, wie lächerlich mathematische Lernstands-Testungen in Nordrhein-Westphalen sind. Achtklässler müssten Aufgaben bearbeiten, mit denen durchschnittlich begabte Zweitklässler nicht überfordert wären, „also 13-14-Jährige, die drei Jahre später eine Berufsausbildung beginnen sollen."[15] Striche zählen und Werte ablesen, das sei der Duktus dieser Aufgabenstellungen. Dann wird ein Beispiel angeführt, in dem ein Thermometer eine Temperatur anzeigt. Die Aufgabenstellung: *Gib an, welche Temperatur das Thermometer zeigt.* Ist das Bildung? Eigentlich denkt man ja, Bildung heißt, zu einer Ebene vorzudringen, die *über* den Alltagsverrichtungen steht. Also nicht banale Dinge des Lebens zu arrangieren und zu üben, sondern über das Leben nachzudenken. Denn die Schule des Lebens ist nicht die Schule. Sondern das Leben. In der Schule geht es darum, *über* das Leben zu reflektieren, zum Beispiel darüber, inwiefern die Arbeit der Medien Demokratie tragen oder gefährden kann. Man lernt nicht, den Fernseher auseinanderzubauen und zu reparieren, sondern man reflektiert über die Rolle des Fernsehens in einer weltoffenen Gesellschaft. Jetzt geht es aber nicht einmal mehr um Fertigkeiten, die ein Können enthalten (da war man auch bereits angekommen: In ihren Projektprüfungen reparieren Werkrealschüler tatsächlich manchmal Fahrräder), sondern das bloße Wahrnehmen gilt bereits als Bildung. Halt, nicht Wahrnehmen, sondern Abbilden. Banaler kann es nicht mehr werden, es ist die reinste Prostitution des Begriffs. Es ist, als wenn Scheiße als Gold verkauft und in der Hoffnung, dass das niemand mehr auseinander halten kann, der doppelte Preis verlangt wird, inklusive Zaun drum herum und Zertifikatfähnchen, dass man jetzt Besitzer eines Wertgegenstands sei. In der Banalisierung wird die Menschenverachtung der ‚Neuen Lernkultur' groß. Denn die Trivialisierung der

Aufgabenformate geht gar nicht mehr davon aus, dass Menschen Konstrukteure ihrer Welt sein könnten - praktische oder geistige Erfinder. Sie werden auf das Erkennen und Abbilden einfachster Erscheinungen reduziert. Phänomen der Natur: Die Kerze brennt. Chemische Hintergründe der Erscheinung: Unwichtig. Sind Erkennen und Abbilden eine Leistung? Lebende Spiegel, denen man eine ‚mittlere Reife' bescheinigt oder das ‚Reifezeugnis' ausgibt, ohne dass sie sich je mit der Bedeutung der Dinge, die die Welt zusammen halten, beschäftigt hätten. In der Neuen Lernkultur verkommt die Bildung zu einer lächerlichen Veranstaltung. Banalisierung und Simulation erzeugen sich und gehen auseinander hervor. Ein Bildungs-Fake; derjenige Teil unserer Persönlichkeit, der Fake-News erkennen und einordnen soll, ist selbst ein Fake. Weshalb man eine immer komplexer werdende Welt vor den Lernenden versteckt, ist ein Rätsel. Überhaupt ist es deswegen ein Rätsel, weil das Argument für die

Errichtung der Neuen Lernkultur ja insbesondere die Wissensgesellschaft in einer komplexer werdenden Welt war. Wieso man dann Menschen nichts mehr zutrauen und zumuten darf, ist deshalb die Kernfrage dieses Rätsels. Antwort: Weil der Zertifikathandel an die Stelle des Könnens getreten ist.

Das Ganze zerstört unser Menschsein. Bald existieren wir nicht mehr, sondern sind einfach nur noch da und erledigen Erledigungsaufgaben. Da haben Uli Hauser und Gerald Hüther ganz recht: So ist Schule Energieverschwendung.[16] Schule hat nämlich aus Bildung Schulbildung gemacht. Und die vereinnahmt inzwischen den ganzen Menschen; bis die Sonne untergeht, wird an den kleinen Individuen herum geschraubt, so lange, bis sie noch etwas gleicher geworden sind. Das Versprechen ist, dass das Kind dann ohne Hausaufgaben nach Hause kommt, weil der Lernjob in der Schule erledigt wird. Das ist doch gut: Zuhause muss kein

Erledigungsbüro eingerichtet werden. Man wird nie wieder ein Problem mit sich herumtragen müssen, das man nicht gelöst bekam. Es wird einen nicht umtreiben, sodass man keine Ruhe mehr hat; solche Aufgabenstellungen wären ja nicht lernpaketkompatibel. Das Lernpaket muss zugeschnitten werden auf Schulart und Lernniveau, und es darf nicht überfordern; Herausfordern ist Überfordern. Anstrengungslosigkeit ist die andere Seite der Banalität einer Pädagogik der Passung. Sie stellt sich ein, wo Herausforderung fehlt. Warum anstrengen, wenn es nichts mehr gibt, das bewältigt werden muss?

Die Banalität der Schulbildung ist umfassend. Sie ist das Verdummungsgebot der Gleichmacherei auf niedrigstem Niveau. Am Anfang steht der Wille, etwas zu lernen. Aber irgendwann verwandelt sich das positive Gefühl in ein Werkzeug der schieren Simulation, ohne dass man das merkt. Nach einiger Zeit verliert man die Selbstwahrnehmung und wird ein Roboter, der nur noch dem Job verpflichtet ist, seine banalen Abläufe zu optimieren, aber nicht, um sich selbst zu optimieren, sondern, um die Simulation des Lernens perfekt werden zu lassen. Optimierungsfalle bedeutet, das Gefühl zu behalten, voran zu kommen, obwohl man bereits Wurzeln schlägt in der Bodenlosigkeit der Banalität. Banalität verführt dazu, zu glauben, man würde wirklich lernen, weil man Dinge schnell beherrscht. Die meisten davon konnte man bereits davor. Aber jetzt heißen sie Kompetenz, das muss ja etwas Besseres sein. Wir lernen: Banalität ist keine Eigenschaft von Lernaufgaben, sondern sie ist die Matrix des Systems der Simulation von Lernen; ohne sie würde das gar nicht funktionieren, dass Leute glauben, sie hätten etwas gelernt, wenn sie die Temperatur von einem Thermometer ablesen. Die Banalität der Zwergenbildung macht aus trivialen Verrichtungen erfolgreiche Menschen, weil es keinerlei Norm oder

Maß mehr gibt, zu der bzw. zu dem man aufblicken und streben könnte. Ein Manifest der Selbstsuggestion; lauter erfolgreiche, optimierte Zwerge, die optimale Verzwergung durch Banalität.

In einer banalen Lernumgebung kann der Lernende kein Akteur seines Lernprozesses werden, weil es gar nicht darum geht, die Banalität zu verlassen, sondern, ihre Spielregeln einzuhalten, nämlich die Reibungslosigkeit der Abläufe nicht zu gefährden, zu unterminieren oder gar zu zerstören. Auf eine genial banale Weise arbeiten dann alle an der optimalen Einhaltung der Spielregeln der Banalität. Das ist die Voraussetzung dafür, erfolgreich zu sein.

4. Seelenlosigkeit

Die Seelenlosigkeit der Bildungszwerge

Seelenlosigkeit ist eine Bezeichnung für etwas, das ohne Liebe, ohne Energie und ohne Freude ist. Maximale Indifferenz ist ihr Wesensmerkmal, Lieblosigkeit ist ihr Phänomen. Das Memento der eigenen Verfügbarkeit macht es den Bildungszwergen unmöglich, ihre Lernerfahrungen zu einem biographischen Selbstbild zusammenzufügen, das kohärent erscheint, obwohl das lebenslange Lernen in der Wissensgesellschaft gerade *das* Argument der Lernkulturer war. Die Seelenlosen konstruieren kein Bild ihres Lebens; die Hinrichtung ihres Denkens verwandelt jede mögliche Erkenntnis zu einem stumpfen flüchtigen Augenblick, ohne Relevanz für die biographische Identität und ohne Rolle in Plänen ihrer Zukunft. Keine Identität und keine Zukunft zeugen von einer affektlosen und visionsfreien Bildungszwergenexistenz; ihr Verlangen nach Kohärenz und Konsistenz verstummt vor der Flüchtigkeit des Daseins, das sich nie einfangen bzw. einordnen lässt, sondern immerfort in einem Fluss treibt, den so etwas wie das Lernwetter prägt. Ihr geistiges und mentales Leben ist auf das bloße Verharren in dem Moment zusammen geschrumpft, der ihr Dasein rechtfertigt: Etwas zu erledigen. Wo die Erledigung die Seele entkernt, entstehen Sinnfreiheitsflecken. Sie zeugen von der traumatischen Entwertung des eigenen Ich-Ideals, das mit den Erledigungen einhergeht. Die Schrumpfung der biographischen Existenz und die Entkernung der Seele werden synchron. Ein Leben wird zu einer Heuschrecke im Nebel, den der Erledigungsablauf produziert. Diese Entmenschlichung der anthropologischen Manuskripte unserer Existenz ist der Kollateralschaden, den die Verzwergung des Denkens produziert. Es entsteht eine Lernkulturwelt, in der niemand mehr eins mit sich werden kann, weil niemand mehr weiß, was das ‚Ich' eigentlich ist oder sein könnte. Es ist verloren gegangen mit dem Verlust der experimentellen Neugier darauf, in welchen Formen sich Identität zeigt; mit der Berechenbarkeit eines verzwergten Lebens. Wo ich herkomme und was mich prägt? Ich habe es vergessen; es darf ja auch keine Rolle mehr spielen in der Neuen Lernkultur, in der jede Verbindung zur Herkunft wirkungslos werden soll. Wo ich hin will und mich sehe? Ahnungslos, ich gebe jetzt mein Bestes; ich erledige meine Sachen gut. Ausschnittlernen zieht Ausschnittleben nach sich – wie wenn der Protagonist, der durch das Loch in einer Zeitung schaut, Einblicke für Überblicke hält, obwohl neunzig Prozent der Begebenheiten ganz laut schweigen.

Das gemeinsame Reflektieren über eine schwierige Frage, der Austausch von Erfahrungen, das Spüren des Auf-der-Spur-Seins, ein Standpunkt, der verteidigt und Wissen, das geteilt werden muss: In einem Logos wird das anthropologische Element der Biographien zum Atem der Teilnehmer-Reflexion. Die Resonanz, die von Anderen immerfort auf die eigenen Einsichten folgt, verändert beständig die Perspektiven aller Beteiligten auf die Wahrheit der Welt. Das macht unsere Identität lebendig, wir ringen mit unserem Verhältnis zu den Erscheinungen der Welt. Es ist ein Aushandeln, in dem unsere Persönlichkeit reift, weil wir uns und unsere Lebenswelt immer weiter hinterfragen. Dieses Aushandeln ist jedes Mal ein Original, es folgt zu keiner Zeit einer Schablone, sondern ist Gestaltung. All diese Dinge, die unsere Existenz prägen, sind Leerstellen der Neuen Lernkultur. Wer spricht im Lernbüro mit jemand anderem? Wer ringt mit anderen um die Wahrheit bei einer schwierigen Frage? Wen interessieren Erfahrungen? Wo stößt meine Art, mein Wesen, meine Denkweise an Grenzen? Das Schweigen der ‚Lernkultur' – ein Totschweigen der Welt und der sozialen Gefüge, die uns prägen. In der seelenlosen Gesellschaft ist der moderne Mensch ein außengeleiteter Charakter, der ständig 'online' ist und keine Muße kennt, also den Wechsel zwischen Aktivität und Kontemplation. Im Erledigen von Sachbearbeitungen verstummt die Arbeit am eigenen Ich. Es entstehen Menschen, die kein Erfahrungswissen haben, was dann zum Gegenteil einer Lernkultur führt! Aus der Medizin weiß man, dass „…medizinisches Handeln nur zu 20 Prozent auf wissenschaftlich bewiesenen Tatsachen und zu 80 Prozent auf Erfahrung, Psychologie und Geschick" beruht.[17] Orthodoxie ist an die Stelle der Erfahrung getreten; der Glaube an das *Verfahren* hat den gesunden Menschenverstand korrumpiert.

Seelenlos kann dieser Zustand genannt werden, weil der Zweifel, also die Frage, ob das sinnvoll ist, was ich mache, ausbleibt. „Die Soziologin Cornelia Koppetsch spricht vom modernen Kleinbürger, der sich

‚Selbstoptimierung zur Lebensaufgabe' gemacht habe. Für diesen wird gesunder Zweifel zur Bedrohung, weil er die zweifelhaften eigenen Motive ans Licht bringen könnte."[18] Sich zu fragen, wie sinnvoll das eigene Tun sein kann, ist ein Instrument, seinen Zugang zur sozialen Welt zu steuern. In der Neuen Lernkultur werden Erfahrungen, Leben und Lernen aber weder in Form einer Bedeutung verbunden noch einander integriert. Erfahrungen zu hinterfragen oder den Erfahrungshorizont zu erweitern ist der eigentliche Kern von Lernen. Die ‚Erledigung' aber erzeugt eine binäre, rigide Welt der Prüfung; Dinge, die in die Lücke kommen, sind nicht relevant oder sinnvoll, sondern richtig oder falsch. Die ganze Vielschichtigkeit der Bildung, alle Wertung von Können wird auf diesen Gegensatz verzwergt; der Konformitätsdruck der neuen Bürowelt[19] würde von Sinnbildungen nur gestört. Welche und wie Erfahrungen eines Bildungsaktiven seine Wahrnehmung der Dinge und sein Lernen beeinflussen - wenn nicht sogar lenken - wird dabei zu einer vernachlässigbaren Größe. Die Person der Lernenden, deren Entwicklung und Identität der eigentliche Kern von Lernen ist, geriet in der ganzen Technokratie völlig aus dem Blick.

Wenn nicht einmal die Erfahrungen der Beteiligten mehr zählen, wird das Gesicht eines Bildungsgeschehens von einer anonymen, entindividualisierten, fachlich rückständigen und seelenlosen Geschäftigkeit imprägniert. In Geschäften gibt es Rollen, und Rollenmuster versprechen den Seelenlosen Erfolg. Diese lernen, einer fremdgesteuerten Rolle gerecht zu werden – einem Muster eben. Sie lernen nicht, wo sich ihre Erfahrungen und die der Anderen aneinander brechen und dann neu konstruiert bzw. bewertet werden müssen.

Seelenlos wird das Lernen, weil es keinem Interesse und keiner Faszination mehr entspringt, sondern zu einer leeren Pflichterfüllung wird. Die Dimension der Pflicht ist zerstörerisch, weil in ihr Genialität, Innovation, Kreativität und Ideen keinerlei Platz mehr haben. Pflicht ist das Werkzeug der Gleichschaltung; sie wirkt auch oder weil sie anonym bleibt; man gehorcht dem Gesetz der Konformität. Cornelia Koppetsch hat ihr Buch über diese Dinge *Die Wiederkehr der Konformität* genannt.[20] Oft entstünden Konformitätszwänge aus Angst vor Sanktionen, die auf den Kern der Persönlichkeit zielen; es reiche bisweilen eine ‚falsche' Entscheidung. Diese Entwicklung bleibt uns verborgen, weil wir durch die immer ausufernder werdenden Provokationen als mediale Strategie im öffentlichen Raum das Gefühl haben, Originalität sei ‚in', oder weil „routinierte Provokateure ... hinreichend Empörung schaffen (z.B. durch Beschimpfung einer Gruppe, z.B. Rentner), ohne Rücktrittsrisiko."[21] Aber das trifft nicht auf das Arbeiten in Organisationen zu. Dort kann man nur noch Erfolg haben, wenn man sich anpasst. Irgendwann können die angepassten Bürozwerge die Verzerrung, mit der Provokationen arbeiten, gar nicht mehr wahrnehmen. Der Gap ist zu groß geworden zwischen dem Spiel, Bilder zu zeichnen mit verbotenen Wörtern, und der Pflicht zur Aneignung eines selbstidentischen Wissens. Dieses bedeutet nichts, sein Sinn besteht einzig darin, adaptiert zu werden. Erziehung zur Lebens-Inkompetenz wäre der richtige Begriff in einer Welt, in der bedeutungsloses Lernen dazu befähigen soll, das Ringen um Bedeutungen beurteilen zu können. Das Nebulöse, dieses Lernen Kompetenzorientierung zu nennen, um es gleich danach zu portionieren, ist kafkaesk. Der innere Kompass, den Menschen gelegentlich noch haben, wird dem Plan geopfert, wie sie sein sollten. So wird die Pflicht zum Programm des eigenen Lebens. Totalitäre Systeme haben in der Geschichte immer genau so funktioniert: Pflichterfüllung wird als Entwicklung der Persönlichkeit verkauft; wenn sie nicht gelingt, zielt die Sanktion umgekehrt direkt auf die Person. In dem Lernen, in dem alles anonym und bedeutungslos bleibt, haften die Lernenden mit ihrer ganzen Persönlichkeit, Sie alleine tragen das Risiko, den Regeln der kafkaesken Lernwelt gerecht zu werden.

5. Kampfesunlust
Wer rettet die Bildung?

Wer kämpft noch für die Bildung unserer Kinder? Wer setzt sich dafür ein, dass aus ihnen keine seelenlosen Konformisten werden, sondern Kämpfer für eine Gesellschaft mit Werten, die sie für richtig halten? Müsste es Lehrern nicht schlecht werden bei der Produktion von Klonen? Um ein gutes Mitglied einer Schafherde zu sein, muss man vor allem .... ein Schaf sein (A. Einstein). Ohne eine Vision, die Welt zu verbessern oder ein reflektierter Mensch zu werden, bleibt Lernen immer ein reiner Leerlauf. Dann läuft etwas leer: Unser Menschsein, unsere Weltwahrnehmung, die Bestrebungen einer kohärenten Biographie, unsere Erfahrungen und Prägungen, das Lernen selbst. Siehe da, hinter der goldenen Fassade bleibt nichts, außer eine Dieter Bohlen Show. Wo waren die Aufschreie, als man die Bildung abschaffen wollte? Stattdessen haben engagierte Mitläufer nächtelang Sachverhalte seziert und an unterschiedlichen Niveaus gebastelt. Ihre Mittäterschaft galt ihnen als Zeugnis des pädagogischen Aufbruchs, als ein altruistischer Akt, durch den ihre Menschenliebe in den öffentlichen Raum katapultiert wird und endlich dazu beitragen kann, dass man den armen kleinen Seelen nicht länger Unrecht tut mit den Leistungsanforderungen einer Schule ohne Mitgefühl. Wenn der Schwindel auffliegt und ihnen bewusst wird, dass es niemals um ihren pädagogischen Ethos ging, sondern um ihr Funktionieren in dem Plan, die Bildung abzuschaffen und sie durch die Simulation von Bildung zu ersetzen, werden sie unsicher, wie pädagogische Werte zu verstehen sind und ziehen sich zurück in die Erledigung ihrer Pflicht. Die Lehrer werden die Bildung nicht retten. Ihre Professionalisierung besteht seitdem darin, neue Vorschriften in pädagogische Pfeiler des Lernens umzulügen. Sie sind nicht mehr für Substanz und Produkt, sondern nur noch für den Werbetext zuständig, also dafür, sinnlosen Dingen einen Sinn zu geben und das Etikett an den Mann (die Frau) zu bringen. Wo man als unprofessionell gilt, wenn man die Zerstörung der Bildung nicht als Bildungsrevolution verkauft, ist es grotesk, von Robotern zu verlangen, dass sie gegen ihre eigene Programmierung kämpfen. Oder von Lehrern, dass sie sich ständig als ‚rückwärtsgewandt' bezeichnen lassen.

Politiker werden die Bildung auch nicht retten, weil ihr Geschäft ebenso funktioniert wie die neue Lernkultur: Etikettieren, Blenden, Verkaufen, ein Image erzeugen. Sie werden das Flugzeug der schönen Worte, in dem sie über die Niederungen der Lernwirklichkeit in den Schulen hinweg fliegen, nicht mit einer Bodenrakete abschießen. Wie bereits beschrieben, hat ihre Legitimierung der Lernkultur keine kultur-, sondern eine sozialpolitische Basis, in der Geschichte und

Tradition der Bildung wirkungslos bleiben. Zugleich nahmen sie den akademischen und schulischen Lehrern jede Autorität, für etwas beim Lehren einzustehen, das ihnen ein Anliegen ist, also sich mitteilen zu dürfen. Diese Entpersonalisierung der Bildung ist ein machtpolitisches Meisterstück; Widerstand zwecklos – man will ja nicht als rückständig gelten. Was gute Pädagogik und gutes Lernen ist, bestimmt jetzt die Politik, nicht mehr die Profis. Den *Neuen Jakobinern* geht es aber nicht um gebildete Menschen, sondern darum, dass sich Bildungserfolg messen und dann verkaufen lässt. Ein kritischer Geist zeige hingegen nur, dass er nicht verstanden hat, wie diese Welt funktioniert.

Eltern werden die Bildung nicht retten, weil sie bereits zu lange auf der Welle der Anstrengungslosigkeit schwimmen. Ihr Kind macht Abitur, basta. Und wenn das Kind in dieser Anforderungswelt nicht zurechtkommt, dann müssen eben die Anforderungen auf das Kind zugeschnitten werden. Welche Verheißung der ‚Neuen Lernkultur' könnte verlockender sein als diese Erfolgsgarantie? Das Belügen einer ganzen Generation erscheint ihnen weniger schlimm als die Angst vor dem eigenen sozialen Abstieg. Seelenlosigkeit ist ein akzeptabler Preis, wenn der Sohn wenigstens den Jaguar halten kann. So führt die Kapitalisierung des Geistes dazu, dass Menschen den Dingen dienen und nicht mehr die Dinge den Menschen. Ein zugewandtes Verständnis hat die Neue Lernkultur versprochen; sich an der Individualität des Kindes auszurichten. Dass diese Ausrichtung schematisch gestaltet wird - wer konnte das in der Fürsorge um den eigenen Nachwuchs schon erahnen? Dem starken Bild, den Menschen in den Fokus des Lernens zu rücken, kann man als Eltern nicht widerstehen. Es erwärmt einem das Herz, dass die kalte Bezifferung der Persönlichkeit im Zeugnis durch eine zugewandte Förderung ersetzt werden soll. Individuelle Förderung – wie in der Klavierstunde. Es bedeutet eine Entlastung der Eltern und das Recht auf das Menschbleiben in einer kalten Welt. Dumm nur, dass man damit an den Brücken zu sich selbst und zu den Grundmanifesten unserer Kultur gesägt hat. Aber wen interessiert im Eigenheim schon die Kultur.

Die Schüler werden die Bildung nicht retten, weil es doch fair ist, wenn harte Büroarbeit zum Erfolg führt; dieser ist berechenbarer denn je und man bekommt bei den ganzen plausiblen Erklärungen einfacher und komplexer Sachverhalte subjektiv auch noch das Gefühl, man wüsste jetzt wirklich Bescheid über die innere Logik unseres Lebens; alles hat seine Logik, die man jemandem erklären kann, der sie sich dann aneignet und versteht. Die Suggestion über den eigenen Erfolg wird niemals entlarvt, weil dieser ein realer Aspekt der Lebensführung wird, materiell greifbar, die reine Kompetenz sozusagen. Aber da Kompetenz wahrscheinlich nur ein Euphemismus für fehlende Fähigkeiten ist, kann man nicht davon reden, dass hier junge Menschen zu gebildeten Menschen würden; sie glauben nur daran, dass sich in den ganzen Einsern und Zweiern ihr Bildungserfolg manifestiert und dies nicht nur ein Zertifikat für die emsige Erledigung ihrer Lernjobs sein kann. Das klassifizierende Erklären selbst von Schlüsselproblemen passt ja ganz gut zu den Traditionen des Gymnasiums, wissenschaftlich wirken zu wollen. Aber die heutige Welt lässt sich nicht so einfach in *Zedlers Universallexikon* zuordnen und eintragen[22]; dialektische und holistische Wirkmechanismen entziehen sich der Klarheit der Klassifikation. Diese kann nur deshalb überleben, weil sie den Lernenden den Eindruck belässt, klüger geworden zu sein. Sich das Wissensobjekt anzueignen ist wichtiger als eine Suche nach der Wahrheit, bei der die Seele reift. Warum sollten sich also Lernende der eigenen

Illusion berauben und die Bildung vor einer ‚Lernkultur' retten wollen, in der sie sich eingerichtet haben?

Lies' die Temperatur ab: Was haben wir gelacht. Es existieren tatsächlich ‚Aufgabenerfinder', deren Kapitulation vor einer verflachten Welt nicht deutlicher hätte sichtbar werden können. Es existieren Lehrer, die so etwas mit vollem Ernst korrigieren und Schüler, die sich freuen, dass sie auch mal was können. Bildung ließe sich das Procedere erst nennen, wenn man kein Bestandteil der Verflachung, sondern ein Beobachter der Mechanismen, die sie tragen, ein Wahrheitssucher, wäre. Unbequeme Fragen, also das Wahrzeichen der Bildungsarbeit, stellt in diesem kafkaesken Drama aber keiner mehr. Alle spielen ihre Rolle und tragen dazu bei, dass die Bildungssimulation zu gelingen scheint; dass das Geschäft funktioniert. Temperatur - das ist die Metapher des Theaterstücks - kann man ablesen; ein Fakt, der sich nicht leugnen lässt. Was Temperatur für Tiere, Pflanzen und Menschen bedeutet und wie sie diese empfinden, das würde bereits zu weit gehen; es lässt sich nicht auf eine Feststellung oder die Wiedergabe eines Zustands scheinbar verklaren.

6. De – Demokratie

Wer rettet die Demokratie?

In einer ‚Lernkultur', in der sich keine Subjekte mit ihren Erfahrungen, Wahrnehmungen und Meinungen mehr begegnen, sondern nur noch die Hüllen von Rollenträgern, die eine Funktion wahrnehmen, damit das Bildungsgeschäft gelingt, findet auch kein Austausch mehr statt. Austausch ist aber das Elixier der Demokratie. Einer lebendigen Diskurskultur wohnt der Geist inne, sich mit dem Anderen beschäftigen zu wollen, mit Sichtweisen und Perspektiven auf einen Sachverhalt oder ein soziales Problem. Die Matrix unseres Zusammenlebens kennt keine Schwarzweißwelt, sie ist bunt und divers. Ihre einzige Konstante, der Treibstoff ihres Lebens, ist die Kommunikation. Ohne Kommunikation keine Demokratie; sie ist das Geflecht von Nervenbahnen des öffentlichen und privaten Lebens. Weil die ‚Neue Lernkultur' alles Interpretierende, Unklare und Mehrdeutige aus ihren Abläufen verbannt und Lernen auf Lückentexte in farbigen Arbeitsblättern reduziert, weil Lernen von ihr als ein Bürovorgang inszeniert wird und weil ihre innere Struktur ohne jede Entscheidung von Subjekten anonyme Autorität erlangt, ist sie der Totengräber der Kommunikation. Ihre Verwirklichung wird nicht ausgehandelt; es geht ihr nicht um Gestaltung, sondern um Indoktrination. Einst war die attische Demokratie-Idee geprägt von dem Bemühen, alle Menschen im Staat dazu zu befähigen, Reflexionen über die Gesellschaft entwickeln und verteidigen zu können. Deswegen zahlten die reichen Bürger den Armen Theaterbesuche. In Stücken wie z.B. von Plutarch bekamen sie den Spiegel vorgehalten, der ihnen die Augen öffnen sollte, was ihre Bedeutung im Staat betrifft. Der Teilhabe-Gedanke stand im Fokus des Sozialgefüges, weil Demokratie das Individuum in den Mittelpunkt der Staatsidee rückt. Der Staat, das sind jetzt alle; jedes einzelne Individuum ist ein Teil davon, ausgestattet mit verbrieften Rechten und der Möglichkeit mitzugestalten. Weder das eine noch das andere lässt sich als Prinzip der ‚Neuen Lernkultur' erkennen. Viele Jahrhunderte später haben Aufklärungsphilosophen Ideen entwickelt, die früher oder später in Verfassungen demokratischer Gesellschaften eingezogen sind; sie wurden zu einem Teil der Definition von Demokratie: Grundrechte (Naturrecht), Gewaltenteilung, Gesellschaftsvertrag. Was genau haben die Lernkulturer nicht verstanden, als sie von Individualisierung des Lernens sprachen, dies aber auf die Geschwindigkeit des Lernens verengten und das Denken verzwergten? Sie treten diese Ideen mit Füßen, denn sie suggerieren, es gäbe selbstständige Entscheidungen der Lernenden, dabei ist alles zuerst autokratisch, dann automatisch. Sie haben keinen Respekt davor, dass unser Gemeinwesen von logisch, sachlich, sozial und ethisch reflektierenden Individuen lebt, die sich einbringen, indem sie ihren Visionen und Sehnsüchten eine Stimme geben, um sich mitzuteilen und sie zu teilen. Wenn man die Demokratie zerstören möchte, gelingt dies wahrscheinlich mit Sicherheit, indem man Lernen als einen Bürovorgang versteht und Menschen vorschreibt, wie sie ihr Leben zu gestalten und ‚richtig' zu leben haben. Das ist nämlich die Anmaßung, die in der Neuen Lernkultur steckt; sie will nicht nur, dass Wissen ‚den Träger wechselt', sondern sie vermittelt auch gleich die Bedeutungen des Wissens, sozusagen als einen Lerninhalt. Die Nervenbahnen der Demokratie vertrocknen auf diese Weise schnell; keiner hat mehr ein Gespür dafür, wann er nur noch gelebt wird und nicht mehr agiert. Es ist der reinste Hohn - der Zynismus dahinter ist kaum zu ertragen - uns das als fortschrittliche ‚Lernkultur' verkaufen zu wollen. Kritik daran ist unerwünscht; die Wirklichkeit der Lernkultur wird von einer groben Gereiztheit beherrscht. Sie ist die Verbotsschranke für die selbstimmunisierende Sprache der Lernkulturer. Frontalunterricht: Böse. Selbstlernen: Endlich hat man verstanden, wie eine menschliche Bildung funktioniert. Schülergerechter Frontalunterricht: Liegt außerhalb der binären Welt; das kann es nicht geben – also auch böse, weil der Lehrer darin noch keine Zwergengestalt angenommen hat. Persönlichkeiten will man besser nicht haben in der glattgespülten neue Bildungswelt, die zu einer Zeit passt, die jedes Risiko scheut und deshalb Kritik oder Widerspruch ausschließen muss. Immunität als Status, in dem die Narrenfreiheit der Lernkulturer das Schweigen aller Anderen erzwingt, die weder mitgestalten noch mitsprechen noch eine Meinung haben dürfen. So wird die ganze Bildung politisiert, aber der Einzelne wird entpolitisiert und als ein Statist missbraucht. Assoziationen zu den Bildern von Reportagen aus dem Inneren Nordkoreas? Rein zufällig. Der Einzelne steht nicht im Mittelpunkt dieses Systems; das wird nur suggeriert. Dessen Mittelpunkt ist die Technokratie, die ohne Subjekte auskommt. Wie die Mode der Fitnessarmbänder sollen sich Lernende in der Technokratie optimieren. Das ist aber keine Individualisierung, sondern die totale Konditionierung unseres Denkens. Die Neue Lernkultur kann die Werte einer Demokratie nicht in ihre Bildungslandschaft inhärieren, weil sie keine Achtung vor dem Individuum hat. Sie ist ganz und gar eine menschenverachtende Ideologie. In der Klassifikation von Lernenden in Niveaustufen stigmatisiert sie Entwicklungsmöglichkeit der Einzelnen. Das System kommt vor deren Recht und die Ideologie vor dem Individuum. Sie stellt sich nicht den großen sozialen Fragen der Bildung, sondern ist ein Brei ideologischer Begriffe; sie zu greifen ist wie einen Pudding an die Wand nageln zu wollen. Sie unterminiert die Demokratie, die mutige Persönlichkeiten braucht, mit Bildungszwergen, die Arbeitsabläufe erledigt haben. Wer rettet die Demokratie, wenn alle nur funktionieren und es keine Außenperspektive mehr gibt? In einem System, in dem die Individualität von Menschen nur benutzt wird, um diese gleichzuschalten, sind die Nervenbahnen der Demokratie alsbald ohne Blut. Es entsteht eine untote Struktur, die Fassade bleibt Demokratie, aber ihre Werte sind paralysiert oder leblos geworden. Sie sind nur noch Namen; keiner lernt sie mehr singen.

7. *Bildungs-Alles*
Alles ist Bildung statt Bildung ist alles

Die Lernkulturer verwenden den Bildungsbegriff vollkommen inflationär. Kultur im Theater, Kanufahren oder Klassenfahrt: Jedes banale Event des Schullebens erlangt ganz automatisch den Status, eine Manifestation von Bildung zu sein, die sich wie Häuser architektonisch planen lässt. Die Lernkulturer verstehen sich als Architekten der Bildung. In Wahrheit sind sie aber weder Architekt noch Philosoph. Sie sind nur Hochstapler, die mit ihrer vermeintlichen Pädagogikkompetenz öffentlich prahlen, also Pädagogik-Poser. Fast kommt man auf den Gedanken, dass die bündischen Jugenden der 1900-1920er Jahre lebendig geworden wären, mit ihrem Fahrtencharakter und ihren pädagogischen Prinzipien (z.B. Jugend führt sich selbst). Manchmal ist es ein bisschen wie Bullerbü 3.0: Glückliche Kinder laufen barfuß im Freigehege und begegnen den Sensationen, die die Natur für sie bereit hält. Mit der Inszenierung einer Heileweltpädagogik bastelt man am ganzen Menschen: seinem Charakter, seiner Moral, seiner Teamfähigkeit, seinen Kompetenzen, und – ach ja, ein paar Geschichtsdaten oder den Rauminhalt eines Quaders zu berechnen – Grundwissen macht das Bullerbü-Kind noch smarter. Man lässt den Schafen noch ein wenig Auslauf; der Kälbermarsch zeigt mit dem Zeigefinger auf die Zeiger der Lebensuhren: Macht Erfahrungen, die Euch ‚richtig' prägen; glaubt, das sei Euer Leben, denn sie sind Eure eigenen Erfahrungen. Dass diese Erfahrungen, die die Kinder in solchen Schulen machen, *gewollte* und nicht individuelle Erfahrungen sind, ist der Tatsache geschuldet, dass Bildung nicht mehr als ein Prozess verstanden wird, in dem sich der Lernende zu einem Menschen verwandelt, sondern sie ist nur noch ein Verfahren der Aneignung oder des Antrainierens von moralisch bereits perforierten Eigenschaften - mal im Umgang mit Menschen, mal im Umgang mit Sachverhalten. Die historische Brisanz des Programms, in den Schulen des 21. Jahrhunderts wieder einen bestimmten Menschen erschaffen zu wollen, schreit nach Widerspruch, nach Empörung: Empört Euch! Aber wer sollte sich empören in einer Welt, die er als heile Welt erlebt? Abenteuer und Dienstcharakter des Lagers mit Lernen: Die Assoziationen, die sich einem aufdrängen, sind hässlich, trotz der leuchtreklameroten Etiketten, deren Aufschrift *Pädagogik* in den öffentlichen Raum katapultiert wird. Aber Wörter in Lückentexte schreiben hat nichts mit Pädagogik und auch nichts mit Bildung zu tun. Es ist die Perversion unserer kulturellen und aufklärerischen Tradition. Bildung bedeutet eigentlich, dass man bei der gemeinsamen Suche nach Wahrheit Erfahrungen macht, durch die sich Horizonte auftun. Das Verstehen der Welt ist weder durch Technokratie noch durch pädagogische Events herstellbar. Man versteht durch das Herumschrauben an Fahrrädern nicht, wie sich die Interessen der Weltpolitik in unserem Alltag zeigen, und man entwickelt im Aufzählen historischer Ereignisse, die man in eine vorbereitete Bedeutungsstruktur einfügt, kein Verständnis dafür, wie sich Menschen in (zersetzende oder verbrecherische?) Systeme verstricken, denn man steckt ja bereits mitten drin in der Bildungspropaganda; man lebt ihren Mechanismus: Alles ist Bildung, aber längst ist Bildung nicht mehr alles; sie ist auf das projektartige Basteln, das Verkaufen von selbst hergestellten Produkten und das richtige Ausfüllen von Lückentexten sowie die Aneignung von selbstgenügsamen Wissensfetzen verzwergt worden. In den immer höher schlagenden Wellen wird die Verzwergung hingegen kaum bemerkbar. Denn alle unterhaltsamen Aktivitäten, die Spaß machen, sind nun die Wirklichkeit der Bildung. Dieses Image ruft ‚Ganzheitlichkeit' auf den Plan, sozusagen Reformpädagogik reloaded, die man aber auch leicht so missverstehen könnte, dass alle Fragmente der Alltags- und Lebenswelt – Hobbies, Interessen, Halbwissen, Abenteuer, Vergnügen – Elemente von Bildung sind. Alles im Leben sei Bildung; Bildung sei *das ganze Leben*. Sie ist sozusagen ein Naturzustand, der sich anstrengungslos einstellt und veredelt werden kann durch das Haus der gewollten Erfahrungen. Als wenn Robert Musil nie den *Mann ohne Eigenschaften* geschrieben hätte, wird der Prozess der Zivilisation in der Gleichsetzung von Bildung und Leben aufgehoben. Das entkoppelt sie von ihrer kulturellen Substanz; deswegen vielleicht die hilflosen Versuche, eine Alibi-Bildung durch Lückentexte in das Programm einzufügen. Was das bedeutet, wenn Leben und Bildung simultan werden oder verschmelzen, konnte man dieser Tage an Schülerreaktionen auf die Verleihung des Echo an die Rapper Kollegah und Farid Bang sehen. Ein Lehrer hat in der Wüste der Werte den

Schlauch geöffnet und den Sandschleier weggespült. Die nunmehr klare Sicht brachte folgendes Statement hervor:

„Vergangene Woche hat mich der Chef-Homie aus einer meiner Klassen in der großen Pause gefragt, wie ich Farid Bang und Kollegah fände. Also hab ich`s ihm gesagt: „Fremden- und schwulenfeindlicher, frauenverachtender und antisemitischer Scheiß ist das." Daraufhin wollte er wissen, was „antisemitisch" bedeute, und ich hab`s ihm erklärt. Seine Frage, welche Texte von Farid Bang und Kollegah denn meiner Ansicht nach antisemitisch seien, konnte ich, weil es zur nächsten Stunde klingelte, nicht mehr beantworten. Ich hab ihm aber versprochen, das Thema in der kommenden Woche im Unterricht aufzugreifen.

Zu Beginn der nächsten Lektion mit seiner Klasse hab ich „Mein Körper definierter als von Auschwitzinsassen …" an die Wandtafel geschrieben und einfach mal abgewartet, ob sich jemand meldet. Das hat dann eins der Mädchen auch getan und gefragt: „Sollen wir das abschreiben?". „Nein, sollt Ihr nicht. Ich möchte nur wissen, was Euch zu dieser Zeile einfällt." Das Echo darauf: „Das ist aus 0815", „Ja, Mann! Farid und Kollegah, die sind krass!", „Voll die Maschinen!", „Was soll das sein, ein definierter Körper?" und „Was sind Auschwitzinsassen?"; danach ratloses Schweigen. Um die Frage nach den Auschwitzinsassen zu beantworten, hab ich den Schülern einige Stellen aus Primo Levis „Ist das ein Mensch?" vorgelesen, ihnen anschließend die Dimensionen des Massenmordes der Nazis an der jüdischen Bevölkerung im

Dritten Reich geschildert und zwei Bilder an die Leinwand projiziert; kommentiert wie folgt: „Links seht Ihr einen Bodybuilder mit perfekt definierten Körper (https://goo.gl/images/dyJh8Z). Sein Körperfettanteil ist extrem gering, die einzelnen Muskeln treten deutlich hervor. Auf dem Foto rechts ist ein Auschwitzinsasse abgebildet (https://goo.gl/images/g3bbjD). Wenn Ihr jetzt nochmals die Worte an der Wandtafel lest; fällt Euch irgendetwas ein dazu?" Nach ein, zwei Minuten betretenen Schweigens meinte ein Mädchen, dieses „Mein Körper definierter als von Auschwitzinsassen …" sei geschmacklos. Auf meine Frage hin, was genau denn daran geschmacklos sei, antwortete sie: „Ich kann das nicht erklären, ich finde es einfach krank!" Und einer der Jungs: „Der Bodybuilder quält sich freiwillig für seinen Körper. Der Mann aus Auschwitz sieht so aus, weil er von anderen gequält wurde. Außerdem hat der überhaupt keine Muskeln mehr. Der stirbt sicher bald!". Darauf ein weiterer Junge: „Genau! Das ist abartig, so etwas zu schreiben. Der Kollegah hat doch gar keine Gefühle für diese Menschen!"

Ich lass das einfach mal so stehen.[23]

Aus Primo Levi's *Ist das ein Mensch?* sollte man regelmäßig vorlesen. Dort wird in einer unfassbar bildhaften Sprache beschrieben, wie die Vernichtung des Menschseins vonstattenging, mit Entindividualisierung und Entsubjektivierung der Persönlichkeit. Und zwar durch die systematische Abschaffung von

Werten, die die Würde unserer Existenz ausmachen. Wertebildung und moralische Erziehung sind das Schwarze Loch der ‚Neuen Lernkultur'; Selbstreflexivität, abwägendes Urteilen, die Entwicklung von Maßstäben für das eigene Handeln und die (innere?) Diskussion darüber, Grenzen und Chancen unserer Erinnerungskultur – der Gap zwischen der Menschenbildung und der Verallgemeinerung des Bildungsbegriffs könnte größer kaum sein. Das macht deutlich, wie zerstörerisch die ‚Neue Lernkultur' auf unsere soziale und nationale Identität, auf unsere demokratischen Werte, die angesichts des Holocaust jahrzehntelang verteidigt und in den Schulen besprochen wurden, wirken kann. Die dahinter stehende Verantwortungslosigkeit entsetzt. Doch was machen wir mit unserem Entsetzen? Wir vermessen die Bildungswelt mit belanglosen Diagnosetests und sorgen dafür, dass alles Bildung ist, was wir für pädagogisch wertvoll erachten, anstatt die Entwicklung einer ethischen, sozialen und kognitiven Reife im Blick zu behalten. Darin wird die Verwechslung von Werten und Wirkung (nach außen) offenbar. In dem Setting einer allumfassenden Bildungswelt wird die Individualität des Lernens der Show der Inszenierung geopfert. Seht her, wir schaffen den ‚Bildungsaufbruch', indem wir immer und überall Bildung garantieren können, denn sie ist anstrengungslos und keine Aufgabe der eigenen Identität mehr. Ein Bildungs-Bluff, der alsbald – Diagnosetests hin oder her – wirkungslos verpufft. Helmut Schmidt sagte einmal auf die Frage, ob er jungen Menschen heute dazu raten würde, gar nicht erst mit dem Rauchen anzufangen: „Ich würde niemand unerbetene Ratschläge geben."[24] Wenn alle glauben, dass das Bildungsgeschäft wirklich Bildung sei, so wie in Platons Höhlengleichnis die Figuren in der Höhle die Schatten der Dinge, die die vorbeilaufenden Menschen tragen, für die Dinge selbst halten, dann ist eine neue Realität entstanden, die sich aus Illusionen nährt.

In Schatten sehen auch Zwerge ansehnlich erwachsen aus. Die Welt des schönen Scheins lässt sie glauben, ihr Stillstand zeigt das Ergebnis einer erfolgreichen Entwicklung. Was soll man dazu noch sagen? *De brevitate vitae.*[25] Die Kontemplation ist tot. Es lebe die Show. Sie ist auch kurzlebig, aber unterhaltsam, und als Verschönerung der Pflicht macht sie auch noch Spaß. Schließlich denken viele Menschen, *Wer wird Millionär?* sei eine Bildungsshow und Günther Jauch sei der klügste Deutsche. Immer passiert da drin etwas, auch wenn nicht wirklich etwas passiert – die Verdrängung des Müßiggangs überdeckt die Leere des Daseins. Man sieht: Bildung kann Spaß machen, den Teilnehmern oder den Zuschauern, die über die Ironie lachen. So sollte auch Schule sein. Wenn man richtig geraten hat, gewinnt man das Abitur und darf sich den Bildungsbutton ankleben, eine Welt des Wissens, das unterhaltsam ist. Das Bildungsleben: Ein Spiel. Vielleicht kriegt man 500 Euro, wie in den

RTL-Realityshows, in denen Menschen gerne für eine erfundene Story ihr Leben prostituieren. 15 Minuten Ruhm auf dem Abi-Ball. Was soll da noch biographische Kohärenz?

Alles ist Bildung. Wenn die Krise der Bildung in den Schulen allumfassend wird, dann lügen wir sie einfach zu einem Event um. Fast dreihundert Jahre europäische Bildungstraditionen werden auf dem Friedhof der Ernsthaftigkeit entsorgt. Alles, was Europa zu einer Menschenrechtskultur werden ließ, findet sich nun auf dem Scheiterhaufen der großen Bücherverbrennung wieder. Ob der Ofen digital gesteuert wird, spielt dabei keine Rolle - die Verachtung der Intellektualität hat Hochkultur, denn diese glänzt nicht wie Gold, sondern versprüht den Geruch von Schweiß. Der will einfach nicht zum anstrengungslosen Ruhm passen. Die Geschichte lehrt uns: Wer Intellektualität verachtet, verfolgt damit meistens die Ausschaltung von Kritik. Das funktioniert in allen totalitären Systemen; man könnte sagen: *So* funktionieren sie! Überwachen und Strafen – die Geburt des Gefängnisses: Ist die rigide durchgesetzte ‚Neue Lernkultur' ein lebendig gewordener Foucault-Text?[26] Eine durchdachte Übersetzung der Zensur des Lebens und der Entwürdigung des Denkens? Die Ironie des Terminus ‚selbstgesteuertes Lernen' erscheint manchem tragikomisch; tote Seelen können weder sich noch ihr Lernen selbststeuern. Aber sie merken ja nicht, dass sie tot sind, weil sie der Faszination erliegen, die das zum Kauf verführende Produkt im öffentlichen Raum verbreitet. Die Dialektik zwischen der Erfüllung ihrer Gefühle und der Erfassung ihrer Persönlichkeit ist ein weiteres Merkmal der Phänomenologie totalitärer und autoritärer Systeme. Fehlen vielleicht noch Überwachungskameras, die kontrollieren, ob die ‚Lernenden' ihren vermeintlichen Freiheiten auch genügen? Die Überwachung der Freiheit? Abartiger kann es nicht mehr werden, doch auch die Kontrolle ist ein fester Bestandteil des Lernpaketlernens, mit Stempeln oder Strichen wird dokumentiert, wer der Pflicht der Freiheit gehorcht. Es fehlen lediglich noch Uniformen, auf denen *Selbstlerner* steht. Die Lernkulturer wollten die Bildung aus dem Korsett der Enkulturation ihrer Rezipienten befreien. Geschaffen haben sie ein neues Gefängnis, an dessen Tor *Freies Lernen* steht. Auch hier sprießen hässliche Assoziationen aus den Fesseln der Vergangenheit. Aber das hatten wir schon. Hip Hop oder Holocaust – was möchte Dennis zuerst ‚bearbeiten'? Wenn es ihm irgendwann einmal dämmert, dass die Bearbeitung seines Lernjobs denselben Gesetzen gehorcht wie die Serien, die er sich auf Netflix reinzieht, kann er es nicht mehr ändern, dass seine Lernbiographie nur zu einem apologetischen Phänomen des Pädagogik-Posings geworden ist. Die triumphierende Wahrheit erschafft keine Reversibilität verlogener Lernbiographien.

Aus grassierender Bildungsunsicherheit wurde im Schatten der pädagogischen Faszination eine allmächtige Ideologie des Lernens, der man nicht mehr rational entgegentreten kann. Blinde Piraten haben das Steuerrad der Bildung besetzt und eine Fahne gehisst, auf der *Kultur* steht; wer sagt, ihr habt das Schiff doch gekapert, wird beschossen. Piratenschädel und Kultur, welche Seite der Messingmünze wird oben schwimmen, wenn der Tanker kentert? Beides sind Fratzen der neuen Bildungswelt, hässliche oder bemalte. Machen wir uns nichts vor – es genügt nicht, einmal zu pusten gegen einen Tanker, der in die falsche Richtung fährt. Und auch nicht, die Schrift auf dem Schiffsrumpf oder die Fahne auszutauschen. Man müsste das Schiff sprengen und die Insassen retten, aber dann wäre man selbst ein Pirat. Wer rettet die Bildung vor der ‚Neuen Lernkultur'? Wer setzt an die Stelle der Leuchtreklame wieder das Nachdenken, *was* Bildung wirklich ist und *was* sie ausmacht? Ahoi.

Gesucht werden kein Kapitän und auch nicht der Animateur. Sondern der Schiffsmusiker, der die Melodie der Freiheit andauernd neu interpretiert. Er ist der wichtigste Mann auf dem Schiff.

---

1 https://www.heise.de/newsticker/meldung/China-schafft-digitales Punktesystem-fuer-den-besseren-Menschen-3983746.html?seite=all, gelesen 31.3.2018 auf web.de.

2 Maximilian Probst: Silicon Valley. Ketzer des Netzes, unter http://www.zeit.de/2013/13/Internettheoretiker-Evgeny-Morozov, 21. März 2013, DIE ZEIT Nr. 13/2013, gelesen 30. März 2018. Vgl. Evgeny Morozov: To Save Everything, Click Here: The Folly of Technological Solutionism, New York 2013 (PublicAffairs), ISBN: 9781610391382.

3 Ebd., S. 1.

4 Reformen gegen die Angst. Schulen, die nicht lernen, Krankenhäuser, die nicht gesunden. Wie lassen sich Organisationen erneuern? In: ZEIT ONLINE 20. August 1998 (Übersetzung: Uwe Jean Heuser und Gero von Randow), gelesen 20. März 2018.

5 „An Schulen herrscht ein problematisches Menschenbild". Interview von Axel Göhring mit Karl-Heinz Dammer: www.wiwo.de/erfolg/hochschule/paedagoge-ueber-die-neue-lernkultur-an-schulen-herrscht-ein-problematisches-menschenbild/14609180-all.html, 28. September 2016, gelesen 30.März 2018.

6 Vgl. Paul Konrad Liessmann: Theorie der Unbildung, Die Irrtümer der Wissensgesellschaft, Wien 2006,

7 "Lernen muss nicht Spaß machen" : Interview von Lisa Nimmervoll (DER STANDARD) mit Matthias Burchhardt, 5. Oktober 2015. Matt-

hias Burchardt über den Mythos Leistung, das Komplott der "Erleichterungspädagogik" und das Missverständnis, in der Schule eine Agentur zum Humankapitalaufbau zu sehen. Matthias Burchardt (49) studierte Germanistik, Philosophie und Pädagogik an der Uni Köln und lehrt dort am Institut für Bildungsphilosophie, Anthropologie und Pädagogik. Am 14. Oktober (17 Uhr, NIG, Hörsaal 3B) referiert er im Rahmen der vom Arbeitsbereich Fachdidaktik Psychologie – Philosophie von Konrad Paul Liessmann, Katharina Lacina und Bernhard Hemetsberger in Kooperation mit dem STANDARD organisierten Vortragsreihe "Mythos Leistung?". Link: Vortragsreihe "Mythos Leistung?" – ReferentInnen, Themen und Termine - derstandard.at/2000023192424/Bildungsphilosoph-Burchardt-Lernen-muss-nicht-Spass-machen.

8 Interview von Lisa Nimmervoll (DER STANDARD) mit Matthias Burchhardt: Unser Kinder werden zu Zwergen degradiert, 10.11.2014 (https://derstandard.at/2000007662139/Bildungsphilosoph-Burchardt-Unsere-Kinder-werden-zu-Zwergen-degradiert).

9 Ebd.

10 Uli Hauser/Gerald Hüther: Jedes Kind ist hochbegabt. Die angeborenen Talente unserer Kinder, und was wir aus ihnen machen, Knaus-Verlag München 2012, sowie: Uli Hauser: Schule ist Energieverschwendung. Ein Plädoyer., in: stern.de, 30 September 2012.

11 Ärzte-Zeitung online, 2.3.2015: https://www.aerztezeitung.de/medizin/krankheiten/neuro-psychiatrische_krankheiten/depressionen/article/880455/psychiater-alarmiert-immer-kinder-depressionen.html.

12 Vgl. Jan Grossarth: Was die Arbeit mit mir macht, in: FAZ Nr. 272, 22./23. November 2014, S C1. Zitiert wird Michael Busch, der an der Fachhochschule Wiener Neustadt lehrt.

13 Ludwig Wittgenstein: Tractatus logico-philosophicus, Satz 5.6.

14 F.W. Schleiermacher sah im ‚Verstehen' einen Vorgang, bei dem sich der Leser bzw. Beobachter mit seiner ganzen Person, seinen Erfahrungen und Empfindungen in einen Text hineinbegeben soll, um ihn besser zu verstehen als der Verfasser selbst. Dieses Emporbringen von ‚Verstehen' gleiche einem göttlich-schöpferischen Akt (Divinitorischer Akt). Vgl. Hans Georg Gadamer: Wahrheit und Methode. Grundzüge einer philosophischen Hermeneutik (Gesammelte Werke Bd. 1), 6. Aufl. Tübingen 1990, S. 191 (Bezug: Friedrich Schleiermacher: Werke III, 3, , S. 355, 358, 364) und S. 193 (Bezug: Friedrich Schleiermacher: Werke I, , 7, S. 146 f.).

15 Ferdinand Krauß, Wirtschaftswoche online 17.3.2016:

https://www.wiwo.de/erfolg/hochschule/bildungskatastrophe-deutschland-so-laecherlich-sind-mathe-pruefungen-in-nrw/13329884.html.

16 s. Anm. 10.

17 Friedrich Hagenmüller, zitiert in: Harro Albrecht: Lob der Erfahrung, im Wissensteil der ZEIT Nr. 19/2012, S 33.

18 Jan Grossarth: Es lebe der Zweifel, in: FAZ Nr. 118, 23./24.Mai 2015, S. C1; vgl. Cornelia Koppetsch: Die Wiederkehr der Konformität. Streifzüge durch die gefährdete Mitte, Frankfurt/Main 2013.

19 Jan Grossarth: Es lebe der Zweifel, in: FAZ Nr. 118, 23./24. Mai 2015, S. C1.

20 Cornelia Koppetsch: Die Wiederkehr der Konformität. Streifzüge durch die gefährdete Mitte, Frankfurt/Main 2013.

21 Vgl. Evelyn Roll: Das musste mal gesagt werden. Thilo Sarrazin und die Folgen: Die Provokation im öffentlichen Raum nimmt als Medienstrategie immer denkwürdigere Formen an, in: Süddeutsche Zeitung 10./11. Oktober 2009, Nr. 233, S V2/1 (Kultur, Gesellschaft, Politik).

22 Johann Heinrich Zedler: Universallexikon: „Grosses vollständiges Universal Lexicon Aller Wissenschafften und Künste", 1732. „Das Grosse vollständige Universal-Lexicon Aller Wissenschafften und Künste er-

schien in den Jahren 1732 bis 1754 und umfasst rund 63.000 Seiten und war damit das umfangreichste enzyklopädische Projekt im Europa des 18. Jahrhunderts" (Wikipedia Text 21.4.2018).

23 Post auf dem Facebook-Profil von Jörg Heeb: https://www.facebook.com/jorg.heeb?hc_ref=ARR_r192BBr8KVHuaBeWdEuCRWUen3OEdCZmC90d4Kj73ARAX81MJjVD2xhnPbkMPKM&fref=nf, 14. April 21.57 Uhr; gelesen 16.4.2018 16 Uhr.

24 Helmut Schmidt/Giovanni di Lorenzo: Auf eine Zigarette mit Helmut Schmidt, 1. Auflage Köln 2013, S. 150.

25 L. Annaeus Seneca: Von der Kürze des Lebens. Aus dem Lateinischen von Otto Apelt. Mit einem Nachwort von Christoph Horn. München 2005, ISBN 3-423-34251-X.

26 Michel Foucault: Überwachen und Strafen. Die Geburt des Gefängnisses. 9. Auflage Frankfurt am Main 2008, ISBN 978-3-518-38771-9 (französisch: Surveiller et punir – la naissance de la prison. Paris 1975. Übersetzt von Walter Seitter, Erstausgabe: 1994).

Bibliografische Information der Deutschen Nationalbibliothek: Die Deutsche Nationalbibliothek verzeichnet diese Publikation in der Deutschen Nationalbibliografie; detaillierte bibliografische Daten sind im Internet über dnb.d-nb.de abrufbar.

TWENTYSIX – Der Self-Publishing-Verlag
Eine Kooperation zwischen der Verlagsgruppe Random House und BoD – Books on Demand

© 2018 Daumüller, Markus

Herstellung und Verlag:
BoD – Books on Demand, Norderstedt

ISBN: 978-3-7407-4625-4